まんが苫米地式 02

認知科学
ビジネスが変わる
コグニティブ・サイエンス

苫米地英人 著
藤沢涼生 作画

CYZO

はじめに ――私たちは好きなことだけをやって生きていける

本書は、拙著《せっちょ》『すべての仕事がやりたいことに変わる』（2009年）、『ビジネスで圧勝できる脳科学』（2014年）の2冊のエッセンスをもとに、まんがのストーリーを作り、コンパクトな解説とともに構成したものです。

本書のまんがの中で、主人公は、次のような言葉を上司からぶつけられます。

「愛や夢だけでやっていけるほど仕事《ビジネス》は甘いものじゃない」

あなたなら、この言葉にどう答えますか？

多くの人は、「はい、そうですね……」とうなずいてしまうのではないでしょうか。

仕事は食《く》うため、家族を食わせるためにやっているもので、「好きなことをやる」「夢を追う」なんて絵空ごと。たぶん、そんなふうに思ってしまうでしょう。

このまんがの主人公は違います。

彼女は、希望の会社の希望の部署に入れたものの、自分の思い描《えが》いていたような仕事はできずにいました。しかもそれは、誰かのせいというよりは自分のせい。自分の努力不足、能力不足のせいだった。――少なくとも彼女は最初、そう思ってしまっていました。変えたくても変えられない現状。慌《あわ》ただしくすぎていく日常。そんな日々に押しつぶされそうになり、自信をもてずにいたのです。

しかし彼女は、ある人物との出会いをきっかけに、仕事に対する考え方を大きく変えていきます。

その結果、「愛や夢だけでやっていけるほど仕事《ビジネス》は甘いものじゃない」という言葉に対して、誠実に、情熱的に、自分の意見を主張できるようになるのです。

この状況を打破《だは》したい。だけど、どうすればいいのかわからない。

そんな人のために、本書を書きました。

頑張《がんば》っているのに、なぜその努力は報《むく》われないのか？

なぜ、企画会議でアイデアが出てこないのか？

なぜ、周囲の人に理解されないのか？

なぜ、仕事をやめたいと思ってしまうのか？

多くのビジネスパーソンが抱《かか》える悩みに対して、本書は、最新の認知科学＝コグニティブ・サイエンスの知見《ちけん》を用いて答えます。


私はつねづね言っています。

「私たちは好きなことだけをやって生きていけるのです」と。

「好きなこと以外やってはいけない」と言うこともあります。

今のあなたは、理想論だと思うかもしれません。しかし、本書を最後まで読めば、これが科学的な裏づけのある実践《じっせん》的なビジネス論だと、おわかりいただけるはずです。

本書にたっぷり盛《も》り込んだ技術を、ぜひ、あなたのものにしてください。

苫米地 英人

まんが苫米地式02 ビジネスが変わるコグニティブ・サイエンス・目次

第2章 イメージの強さが自分を変える

第3章 ゴールに向けて自分を高める

登場人物紹介

日野《ひの》 真知《まち》（32）
憧れの企画部に配属されて２年。「くだらないけれど面白いアプリ」を愛しているが、まだ自分の企画を通せていない。

当麻《とうま》 英太郎《えいたろう》（36）
トーマズ・ブレイン・ラボ代表、認知科学者。アメリカの大学で研究したのち、日本に帰国して活躍している。

（株）クラックリー

「くだらないけれど面白いアプリ」がモットー。

中村《なかむら》 菊比古《きくひこ》（34）
真知の先輩。

明歩谷《みょうぶだに》 ふみ（25）
真知の後輩。

薬師丸《やくしまる》 宏《ひろし》（43）
企画部部長。

蔵留《くらとめ》 護熙《もりひろ》（54）
創業者にして代表取締役社長。

作田《つくりだ》 和也《かずや》（54）
副社長で次期社長。

プロローグ

頑張ってるのに結果が出ない？

ああ…今日もまた…
止まることなくすぎ去っていく…
私の仕事《ビジネス》の時間が…
cracklie
式会社 クラックリー
cracklie Co., LTD
お仕事大好き～♪
カタ
カタ
カタ
カタ
どんどんや～る～ぞ♪

はあ…
(株)クラックリー　企画部
日野《ひの》 真知《まち》 (32)
嘘じゃない
私は
この会社の…
クラックリーの作る
「くだらないけれど
面白いアプリ」を
愛している
SAY!
少納言
バンジー
大菩薩《だいぼさつ》
スタート
攻略モンスター
ランキング
憧《あこが》れの企画部に
配属されたのは
おととしのこと
日野ちゃん
ずっと手が
動いてないじゃん
当初は 自分の企画を
立てようと
張り切っていたけど
まとまらないまま
時間だけがすぎ…
目の前の
仕事にばかり
追われるように
なってしまい…
は…
はーい
ヒマなら
資料整理
手伝って

お疲れ～
企画を立てられないまま
一日が終わっていく――
今日ももう定時…
今日も目の前の仕事をこなしただけ
こんなんじゃいつまでも自分の企画なんて立てられないや…

でもまあ
お給料ももらえてるし
ガタンガタン
これはこれで
いいのかな…
認知科学で
あなたは変われる
脳の潜在能力を
引き出せば
どんな夢も
かなえられる！
認知科学者
カーネギーメロン大学博士
当麻英太郎
われる
脳の潜在能力を
引き出せば
どんな夢も
かなえられる！

か…変われるって何？
頑張《がんば》ってるのに結果を出せない
企画部のお荷物《にもつ》状態から脱出できるってこと!?
この企画必ず成功させるぞ!!
バリバリやっている自分のイメージ
はいっ!!
!!
私ってば何を乗せられてるんだこんな広告に!!
ガタン
ガタン
変われるなんて夢がかなうなんて……!!
あなたは変われる
どんな夢もかなえられる！

能力を
出せば
どんな
認知科学者
在能力を
き出せば
どんな夢も
かなえられる!
認知科学者
カーネギー　メロン大学博士
当麻《とうま》英《えい》太郎《たろう》……
わっ
急停車します
ご注意ください
停《と》まってから
言ってんじゃ
ねーよ!!
ザワ
ザワ

認知科学だか
何だか
知らないけど
私
疲れてるな…
ガタン
ガタン
私なりに
人間が簡単に
変われるわけ
ないじゃん…
ガタン
地道に頑張り
つづけるしか
ないんだよ…
認知科学で
あなたは変われる
脳の潜在能力を
引き出せば
どんな夢も
かなえられる！
認知科学者
カーネギーメロン大学博士
認知科学
あなたは変われる
脳の潜在能力を
引き出せば
どんな夢も
かなえられる！

今日は週に1度の会議の日
野心あふれる企画部員が企画を提出し合評会《がっぴょうかい》を行う
今回も企画を出せなかった
目立たないように目立たないように
……
次は明歩谷《みょうぶだに》さんの企画だけど——
すごく面白いんじゃない？
(株)クラックリー　企画部部長
薬師丸《やくしまる》 宏《ひろし》(43)

そうですね
よく練《ね》られてますし
じつにくだらない!!
クラック《ウ》リー《チ》にピッタリの企画だね!!
何より
あ…
ありがとうございます!!
この方向で資料そろえて社内プレゼン行ってみようか
はい!!
頑張ります!!
さすが東大卒《エリート》
企画部に来たばっかなのにもう社長たちの前でプレゼンかあ
(株)クラックリー　企画部1年目
明歩谷《みょうぶだに》 ふみ(25)

ていうか私
まだプレゼンもしたことない!!
お荷物め
お荷物
こんな優秀な後輩が台頭《たいとう》してきたら私なんか企画部《ここ》にいる価値ない…!!
あ
企画会議はこんなもんかな～
ひとつ新規案件があってさ
認知科学者の当麻英太郎先生って
みんな知ってる?
あー
広告とか出てますね
その当麻先生からの持ち込み企画で
認知科学を応用したメンタルトレーニングアプリの開発を依頼されたんだ

メンタルトレーニング？
「結果を出す人に変われる実践《じっせん》アプリ」
先生が最近出された本の内容をもとにするみたいだ
ドクン
ドクン
知科学で
変われる
脳の潜在能力を引き出せば
どんな夢もかなえられる！
認知科学者
カーネギーメロン大学博士
当麻英太郎
あの本だ!!
企画の土台は先生が作ってくれるけど
ウチの遊びのセンスを盛り込んで楽しくトレーニングできるものにしてほしいんだって
ドクン
ドクン
先生と打ち合わせして担当できる人いない？

オレは
手いっぱい
ですね
私も
ちょっと…
こ…
これは…
チャンス!?
だけど
私なんかが――
ん～
誰もいない
なら――
あ…
あの!!
わ…
私に
やらせて
ください!!

プロローグ 解説

ビジネスで結果を出す脳の使い方とは

❶ 負のスパイラルに落ち込んでいませんか？

日本の社会人の多くは、1日の3分の1もの時間を、ビジネスに使っています。生活の中の大きな割合を占《し》めるだけに、ビジネスについて悩んでいる人も、世の中には大勢います。

よく聞くのが、「私は頑張《がんば》っているのに、思うような結果が出ない」という悩みの声です。必死に努力しているつもりでも、ノルマが達成できず、プロジェクトを前に進められない。時間に追い立てられ、ストレスは溜《た》まる一方で、周囲の人からも「できないヤツ」と思われているような気がする。そのせいでモチベーションも下がり、仕事に集中できない。すると当然、ますます結果を出せなくなる。――そんな**負のスパイラル**に落ち込んでしまっている人は、少なくありません。

じつは、負のスパイラルにはまっている人は、いつの間にかその状態に慣れきって、変化を恐れるようになります。モチベーションもパフォーマンスも低いまま、無意識のうちに**現状維持**《げんじょういじ》をしようとするのです。

なぜかというと、結果を出せずにいる状態が、その人の**コンフォートゾーン**（快適な領域）になってしまっているからです。

負のスパイラルに慣れてしまった人は、たとえ口では「変わりたい」と言っても、無意識では「このままでいるほうが自分らしくて快適だ」と思っています。それゆえに、脳が現状維持のために使われ、変化の可能性が排除《はいじょ》されてしまうのです。

今日も目の前の仕事をこなしただけ
こんなんじゃいつまでも自分の企画なんて立てられないや…
でもまあお給料ももらえてるし
ガタンガタン
これはこれでいいのかな…

▲ビジネスで「負のスパイラル」に陥《おちい》っている人は、その状態が「コンフォートゾーン」になっている可能性がある。

❷ もっと努力すれば抜け出せる？

では、負のスパイラルから抜け出すためには、どうすればよいのでしょうか？

たとえば、次のようなアドバイスをしてくる人がいるかもしれません。

「『頑張っているのに結果が出ない』なんて、そんな言い方は甘えているだけで、単に努力が足りていないいんだ。結果が出るまで、ひたすら努力しなさい。他人が1日8時間働くところを、倍の16時間働いて、勤務時間外も勉強すれば、人に遅れを取ることはないだろう。時間がないなら、睡眠時間を削《けず》ればいいじゃないか」

しかし、そんなやり方は得策《とくさく》ではありません。

負のスパイラルに入っている人は、正しい努力の仕方を知りません。砂漠の真ん中に木の苗《なえ》を植えて、必死に水をやっているようなものです。そんな人に、「もっと水をやらなきゃダメじゃないか」とアドバイスをするのは、的外《まとはず》れといわざるをえません。根本的に間違ったやり方で努力を続けても、何の意味もないのです。

また、体と心に負担《ふたん》のかかる努力は、長続きしません。睡眠時間を削って頑張っているつもりでも、無意識のうちに手を抜いてしまっていますし、能率は極端に下がります。だいたい、体を壊《こわ》したり心を病《や》んだりしては、元も子もないでしょう。

そして何より、負のスパイラルに入っている人にとっては、「努力しても結果が出ない状態」がコンフォートゾーンなのです。どんなにプラスアルファの努力をしたとしても、現状を維持する生体機能**ホメオスタシス**（あとで説明します）がはたらいて、もとの状態に引き戻されてしまいます。

❸ 脳の使い方を変える！

それでは、一度負のスパイラルに陥ってしまった人は、もう二度とそこから脱出することはできないのでしょうか？

そんなことはありません。

私は先ほど、「脳が現状維持のためだけに使われ、変化の可能性が排除されてしまう」と述べました。問題は、脳の使い方です。

よく、**「人間の脳は3パーセントしか使われていない」**といわれます。その言葉だけがひとり歩きして、「脳の中にある神経のうち、使われているのは3パーセントで、残り97パーセントは眠っている」という誤解が広まっていますが、健常者《けんじょうしゃ》の神経はすべて使われています。各神経は、理論的には100パターン以上の学習が可能なのに、それよりはるかに少ない学習しかさせられていない、というだけの話です。

いずれにせよ、私たちの脳は、とてつもない能力をもっています。しかし、その能力をプラスの方向に活用できている人は多くありません。それどころか、しばしば望ましくない現状を維持するために使ってしまっているのです。

ですから、「頑張っているのに結果が出ない」状態から抜け出すためには、**ビジネスに対する脳の使い方を、根本的に転換する**必要があります。

与えられた仕事をこなすのではなく、自分の夢をかなえるためにビジネスをする。いや、ビジネスそれ自体が夢の実現である。——脳の使い方を転換することができれば、あなたのビジネスは、このように変化します。

そして、そんなすばらしい変化をもたらす方法を、人間の脳の情報処理の仕組みを解明する**認知科学**《コグニティブ・サイエンス》の立場から提示するのが本書です。

第1章 脱・洗脳！ あなたは変われる

埼玉県浅霧《あさぎり》市
来ちゃった…
当麻英太郎先生の研究所!!
Toma's Brain Lab
私が立候補したとき部長はビックリしてたけど…
そんなに言うなら先生の胸を借りるつもりでぶつかってみるんだね
必要ならサポートするから

こうして 私は当麻先生のアプリの担当になり
打ち合わせにやってきたのだ
当麻先生はアメリカの超有名大学で認知科学を研究し日本に戻って大学に勤めたのち
独立してこの研究所《トーマス・ブレイン・ラボ》を設立したとのこと
501
ここが研究室？
こんにちはー
クラックリーの日野と申します
いらっしゃーい
入ってくださーい

ダダダダ
トーマズ・ブレイン・ラボ代表
認知科学者 当麻《とうま》 英太郎《えいたろう》（36）

すみません
お待たせしました
当麻
英太郎です
ク…
クラックリーの
日野です
よろしく
お願い
します!
怖い人かと
思ったけど
ステキな笑顔
これ
僕の作った
企画書です

は…
拝見《はいけん》します
今回おたくと一緒に作りたいのは
アファメーション
というメンタルトレーニングのアプリです
!?
いきなり本題に入るんだな
アファメーションとは「肯定《こうてい》する」ということ
何を肯定するのかというと高い自己イメージを作ってそれを肯定するんです
社長になりたい
学生時代は充実していたなあ
ユーザーが自分の夢や成功体験などを書き込むと——

その人に適したメッセージが生成され
私は社長になって充実感を味わう!!
認知科学的に効果のある形で表示されます
メッセージは脳に作用して自己イメージを高めます
やるぞ!!
オレは社長になる人間だ!!
くり返し見ることで自信と意欲が湧いてくるんです！
……
もう作り込まれてる…
こんなにできあがってるんなら私なんか必要ないんじゃ…
概要《がいよう》としてはこんな感じのトレーニングなんですが
何か ご質問ありますか？

えっ あっ
当麻先生は どうして これを クラックリー《ウチ》に…
え？
ウチは「くだらないけれど面白いアプリ」の会社なんで…
ウチなんかでいいのかなって…
ハハハハハ!!
あなた何というか…
正直な人ですね！
はっ！やだ 私
何を!!

これくらい
ざっくばらんに
話せたほうが
ありがたいです
楽しめるものに
したいんですよ
堅苦《かたくる》しくておっくうな
トレーニングではなく
遊び感覚で
自信がつけられる
ものにしたいんです
そうしたほうが
多くの人たちの
役に立つんじゃ
ないかって
!!
楽しめる…
私も…
楽しんで
もらえるほうが
いいと思います!
おたくのアプリ
どれも
面白いですよね
じつに
くだらなくて
あっ
ありがとう
ございます!!
おたくらしい遊びを
どんどん盛り込んで
もらえれば　たくさんの
人に届くと思います
僕は多くの人に
「脳の潜在能力を
引き出せば変われる」
と知ってもらいたいん
ですよ

変わる…!!
変われる……?
この時期までにテキストを送りますので…
それではこれからの進行ですが──
私も…!?
じゃあ 今日はありがとうございました
ガタ
あ あのっ当麻先生…
私も…
変われますか!?

無償《むしょう》でご相談に乗るのは本当はよくないんですけどね
ま…一度だけ世間話程度なら
さっきもお話ししたとおり…私頑張っても結果が出せずにいるんです
こんな私でも
変われるでしょうか？
日野さん
これまでの人生の中で
誇《ほこ》りに思っていることは何ですか？

嬉《うれ》しかったことや
すばらしい達成をした記憶は？
……
……演劇……
演劇？
私 高校時代は演劇部にいたんです
仲間と一緒にケンカもしながらお芝居を作って…
劇が終わってカーテンコールでお辞《じ》儀《ぎ》をするとワーッと拍手をもらえて…
そのときにはお客さんたちに楽しんでもらえたんだなって…
でも こんな小さなこと…
すごいじゃないですか!!
すばらしいものを作って 人を楽しませられたんでしょう？
あなたはなしとげられる人なんです
本当の力を出しさえすればどんな夢でもかなえられます!!

でも…今の仕事ではお荷物状態で…
それは
あなたが「洗脳」されているからです
!?
せ…洗脳!?
「自分は取るに足りない人間だ」
この社会の中でほとんどの人はそのように思い込まされています
そしてただ従順《じゅうじゅん》なだけの社会の歯車にされているんです

本当の能力を開花させるにはあなたにかけられた「洗脳」を解く必要があります
そのために3つのものさしを捨てましょう！
……
3つのものさし？
ひとつめのものさしは
「他人の視線」です
みんなからダメなヤツだと思われてる…
私は価値のない人間なんだ…
他人から低く見られていると思い込んで
「自分にできるのはこの程度」と考えていませんか？
は…
はい…
マンガうまいですね

「他人の目に映っている自分」は自分で作り出した虚像《きょぞう》にすぎません
気にする必要はないんです
でも 実際お荷物扱《あつか》いされてて…
企画は無理なんじゃない？
雑用してくれればいいよ
そんなことを言ってくる人を私は
ドリームキラーと呼んでいます
ドリームキラー…
ドリームキラーの言うことを聞いてはいけません！
他人の評価に正当性があるとは限らないのです

ふたつめのものさしは
「社会の価値観」です
競争社会にはびこるランクづけに
振り回されてはいませんか？
高学歴
勝ち組
出世
上に行けない…
低学歴
負け組
窓際
どうしても気になっちゃって…
そんなヒエラルキーは既得権《きとくけん》をもつ人々に都合のいいように作られたものでしかありません
あなたの本当の価値は「あなたがどう生きるか」によって決まるのです
私が　どう生きるか…
3つめのものさしは

「仮想の自分」です
こうなれたかも…
こうなれたかも…
あのころ もっと勉強してれば今ごろ…
卒業アルバム
こうなれたかも…
別の道を選んでもっと幸せになれたはずの自分を
思い浮かべていませんか？
それは自己評価《エフィカシー》を下げるだけの妄想《もうそう》です!!
……!!
ドキ
よく想像してます…
どうしてわかるんですか
これからあなたが夢をかなえれば
この道がベストだったと思えるようになります！
は…
はい

ペリ
外から基準をもってきて自分の人生をはかっても自信も意欲も湧いてきません
この3つのものさしを
ビリビリ
今すぐ捨てましょう
そうすればあなたは「洗脳」から解放されるんです
それでは最後に…自分を変えるために一番大事なことを言います
そうか
……!!
な…
何ですか!?

ゴールを設定しましょう
ゴール?
夢をかなえるにはかなえたい夢を明確にしなければいけません
目標《ゴール》こそがあなたを導《みちび》いてくれます
本当にやりたいこと…「want《ウォント》 to《トゥ》」のゴールを設定してください!!
本当にやりたいこと…
とりあえず…自分の企画をプレゼンまで…
やり直し
えっ!?

志は高く!!

めざすゴールが高いほど脳の潜在能力は強くはたらきます!!

えーとじゃあ…

「斬新《ざんしん》な大傑作《だいけっさく》アプリを作ってたくさんの人に楽しんでもらう」はどうでしょう!?

そ…そんな大それた…!!

演劇部でもたくさんの人に楽しんでもらったんでしょう?

あなたはできます!!

そうか…私がクラックリーのアプリを愛しているのは演劇と同じように人に楽しんでもらえるものだから…!!

当麻先生!!

私
やってみます！
ありがとうございます!!
まずは僕のアプリ
お願いしますね
ところで…
もうひとつお願いが…
サインいただけませんか？
よろこんで!!
読んでいただけたんですね！
まだプロフィールだけだけど…

脳の力を解放するための第一歩

❶「3つのものさし」を捨てよう

本来、人間はみな、自由に生きられるはずの存在ですが、社会の中で生きる人のほとんどは、さまざまなものに縛りつけられ、窮屈《きゅうくつ》な生き方をしています。

極端にいうと、人間はみんな「**洗脳**」されているのです。

そして、ビジネスに対する意欲が湧かなかったり、能力を発揮できなかったりするのは、この「洗脳」のせいです。あなたの脳がもつ本来の力を解放し、ビジネスのあり方を変えるには、この「洗脳」を解く必要があります。

人を「洗脳」し、抑圧しているものを、私は「**3つのものさし**」と呼んでいます。

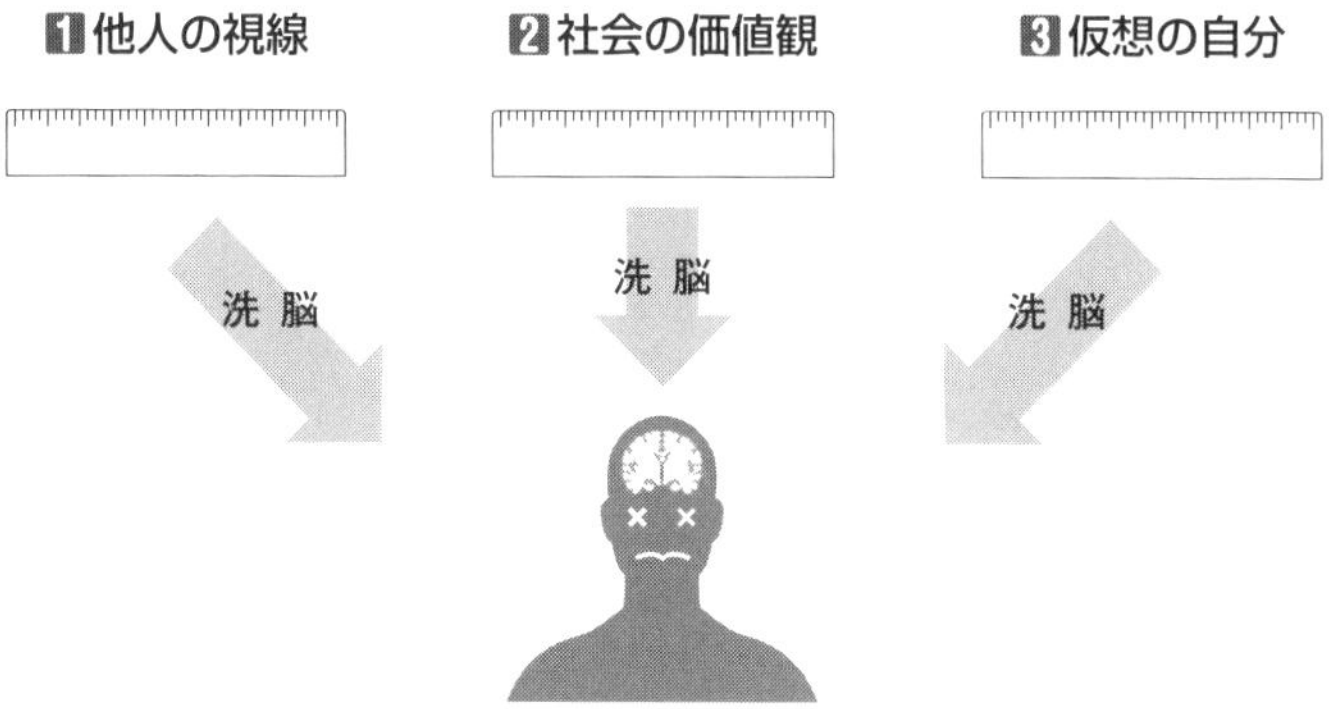

▲今すぐに捨て去るべき「3つのものさし」。

3つのものさし1 他人の視線

周囲の人の評価を気にして、その尺度《しゃくど》で自分をはかっていると、「自分はこの程度だろう」と低い自己評価をもってしまいます。

特に**ドリームキラー**には要注意です。ドリームキラーとは、あなたが夢に向かって進もうとしているとき、「君には無理なんじゃないの？」などと、否定的なことを言ってくる人です。そんな人を相手にしていても、何もよいことはありません。

3つのものさし2 社会の価値観

現在の日本社会では、学歴や企業のブランドなどによるランクづけが、絶対的なもののように考えられています。しかし、社会は時代とともに変化しますから、現在の競争社会の価値観は、いずれ役に立たなくなるでしょう。また、既存《きそん》の価値観を絶対視していては、新しい発想は生まれません。

3つのものさし❸ 仮想の自分

人はよく、「もし別の道を進んでいたら、こうなれただろう」と仮想の自分を思い描き、現在の自分よりもすぐれたものだと考えてしまいますが、そんな想像は、自己評価を下げるだけです。

これら「3つのものさし」は、今すぐに捨てましょう。そうすればあなたは「洗脳」から脱し、あなた自身の人生を、前向きに生きられるようになります。

❷ ゴール設定が何より大事

さて「3つのものさし」を捨てたところで、必ずやってもらいたいのが、**ゴールの**

設定です。これこそが、ビジネスを変えようとするときに、何より重要なことです。**ゴール**とは、何を実現したいか、どんな自分になりたいかという、**自己実現**の目標です。ゴールを設定すると、やるべきことが見えてきます。

人間の脳は、目標が定まっていないと、潜在能力を引き出せないようになっています。どんなに潜在能力の高い人でも、「こうしたい」「こうなりたい」というゴールがなければ、日々の雑務《ざつむ》に埋《う》もれて暮らすだけです。

夢をかなえるにはかなえたい夢を明確にしなければいけません
目標《ゴール》こそがあなたを導《みちび》いてくれます
本当にやりたいこと…「want《ウォント》 to《トゥ》」のゴールを設定してください!!

▲ビジネスを変えるのは「ゴール設定」。

しかしゴールが定まれば、脳は自然とそこに向けて思考し、行動を起こすようになります。余計な迷いや悩みがなくなり、これまで使えずにいた脳の能力が、最大限に発揮されるのです。

ゴールを設定することで、あなたの脳の使い方は転換され、生活がガラッと変化するでしょう。

❸ ゴール設定の大原則①「have to」ではなく「want to」

ゴールの設定には、必ず守っていただきたい原則がふたつあります。

第一の原則は、「have《ハフ》 to《トゥ》」ではなく「want《ウォント》 to《トゥ》」。これは、「本当にやりたいことをゴールにしよう」という意味です。

「have to」とは、「～しなければならない」という意味の英語です。「have to」からゴールを設定すると、その内容は、「本当はやりたくないけれど、自分の置かれている立場上、やらなくてはいけないこと」になってしまいます。

やりたくないことをやろうとすると、脳に大きなストレスがかかります。いつも我《が》慢《まん》している状態になり、脳の潜在能力が解放されることはありません。長く続けるうちに、心の負担から体調を崩《くず》すこともあるでしょう。「have to」をゴールにしてはいけません。

「have to」と対照的な発想が、「want to」です。これは、英語で「～したい」という気持ちを表現するときの言葉です。

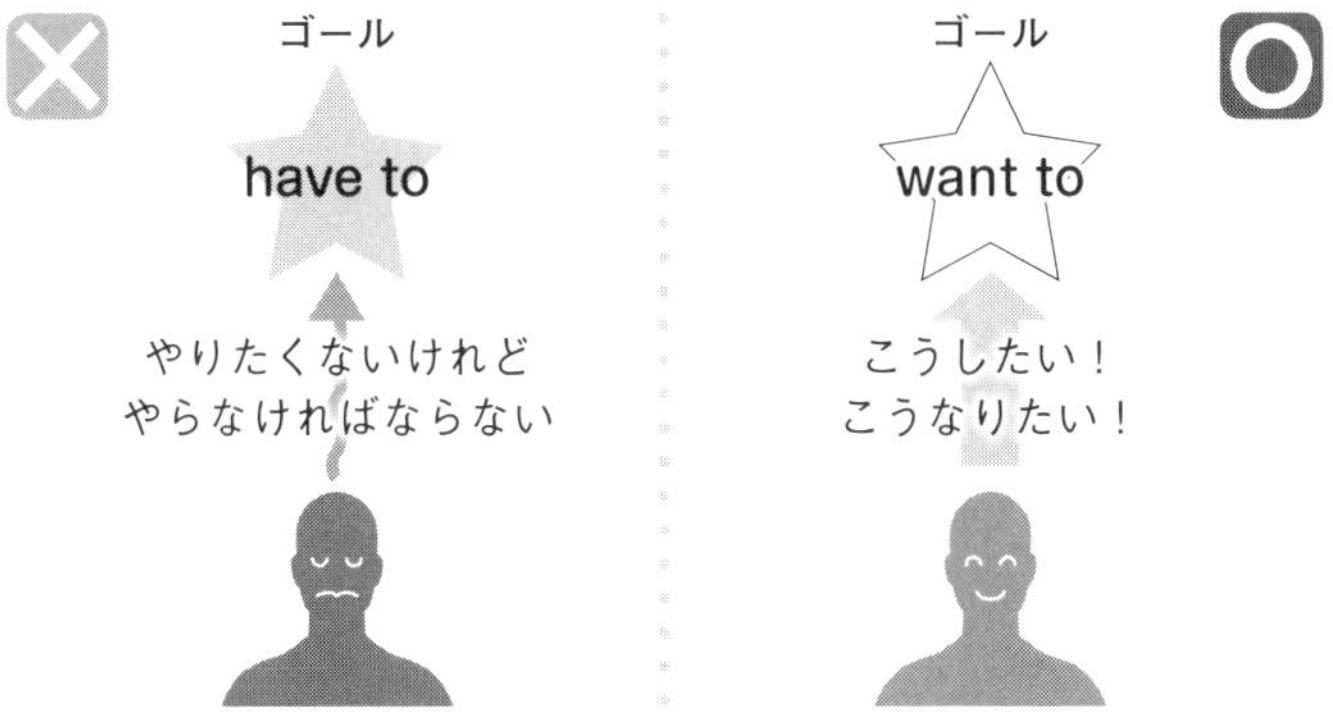

▲「have to」のゴールと「want to」のゴール。

自分の中から湧き上がってくる「〜したい！」という気持ちにもとづいてゴールを設定すれば、そのゴールの実現に向けて、あなたの脳は自然と動き出します。誰かから指図《さしず》されなくても、あなたは考え、行動していくでしょう。「want to」から設定したゴールこそが、よいゴールです。

「want to」のゴールが見つからず、「have to」ばかりが思い浮かんでしまう人もいるでしょう。その場合、まだ「3つのものさし」から自由になれていないのかもしれません。外から押しつけられた尺度を振り払い、自分に正直になって、本当に求めているものや望んでいることは何か、考えてみてください。

❹ ゴール設定の大原則② ゴールは現状の外に設定する

世の中に出回っている自己啓発《じこけいはつ》の本は、「目標はできるだけ無理のない、現状の延長線上の、実現可能なところに設定しましょう」と説いています。

しかし、それは間違いです。

現状に近いゴールは、脳の情報処理能力を上げなくても、実現する方法が最初からわかってしまいます。そんな目標は、ゴールにする意味がありません。

ゴールは「**現状の外**」、つまり、自分が置かれている状況の延長線上ではない高みに設定しましょう。これが、ゴール設定の第二の原則です。

たとえば、あなたが会社員だったとして、「今の会社で社長になる」といったゴールは、「現状の外」でしょうか？

一般的に考えて、会社員が社長になる確率は相当低く、達成するのは難しいように思えます。しかし、これは「現状の外」ではありません。なぜなら、確率は低いとはいえ、**現状に対する最適化**によって達成できる可能性があるからです。

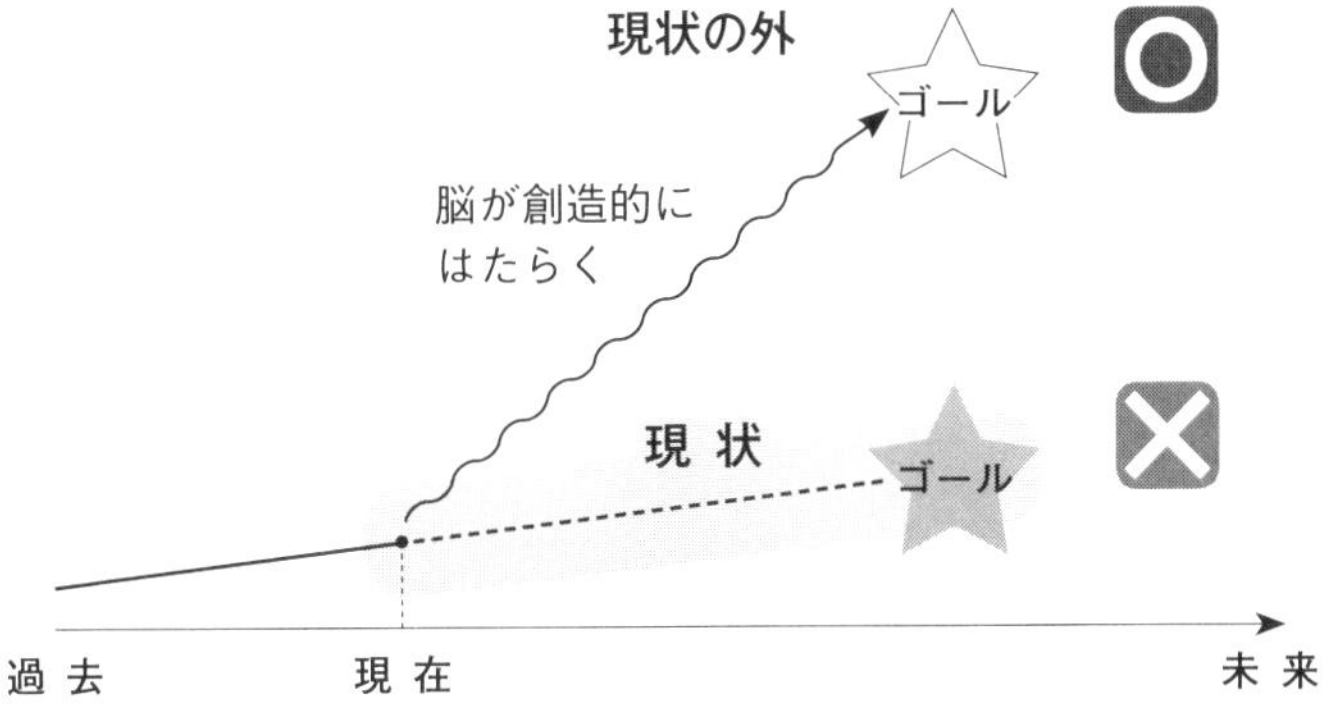

▲ゴールは「現状の外」にある、実現できそうもないもののほうがよい。

現状への最適化で達成できるゴールを設定すると、脳は「根本的な変化は必要ない」と認識します。その結果、「今のままでよい」と判断され、大きな変化は起こりません。無意識的に、目標を現状に近いほうへと下方修正する力もはたらきます。

反対に、自分の現状から遠く離れた、とても達成できそうにないことをゴールにすると、脳は不安を感じつつも、「このゴールを達成するには、新しい情報が必要だ」と判断し、創造的に機能しはじめます。脳のはたらきが根本的に変化して、今まで気にならなかった情報が目に入るようになったり、ふとしたことからアイデアが浮かぶようになったりするのです。

❺ 抽象度をできるだけ高く！

自分の現状の外にあるゴールを設定するにあたって、もうひとつ知っておいていただきたい考え方があります。

それは、**できるだけ抽象度《ちゅうしょうど》の高いゴールを設定しよう**ということです。

抽象度は、私のコグニティブ・サイエンス理論の中でキーになる概念です。抽象とは具象《ぐしょう》（具体）の対義語。抽象度とは、情報空間の中でものごとをとらえる視点の高さを意味します。たとえを使って説明しましょう。

お昼に○○屋という店でもりそばを食べたとします。これを具体的に見ると「○○屋のもりそば」ですが、一段高い視点から対象をとらえると、「○○屋のもりそば」は「そば」の中のひとつであることがわかります。「そば」は、「○○屋のもりそば」よりも抽象度の高い概念（上位概念）であり、あらゆるそばを含んでいます。

もっと抽象度を上げて高い視点から対象をとらえると、「そば」は「麺《めん》類」の一種（下位概念）だとわかります。「麺類」の概念はそば以外にも、うどんやラーメン、ス

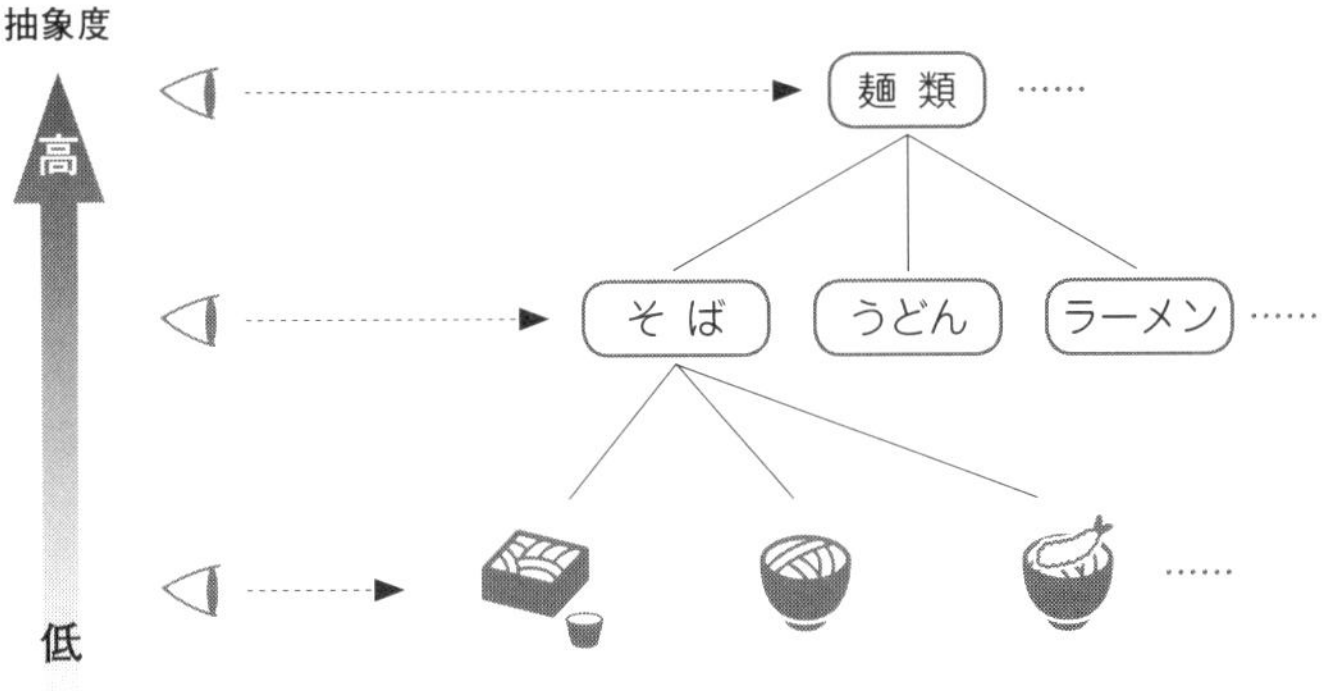

▲「抽象度」を高めると視野が広がり、思いもしなかったような可能性に出会える。

パゲティなどを含みます。さらに「食べもの」まで抽象度を高めると、概念が指し示す範囲はより広くなります。

つまり、抽象度が高くなれば、それだけ高い視点から、広い視野でものごとを見渡せることになります。具体的な情報量は減りますが、少ない情報の中に多くの可能性を含んでいるのです。

以上を踏《ふ》まえて、ゴール設定に話を戻します。

ゴールを設定する際、抽象度の低い、具体的なゴールを設定すると、どうなるでしょうか。達成までの道のりは見えやすいでしょうが、情報空間における視野は狭《せま》くなってしまいます。最初から見えている手近な目標に到

▲「抽象度」の高い目標を設定すると、脳が活性化し、創造的にはたらく。

達すればよいだけなので、脳は創造的にはたらきません。

反対に、抽象度の高いゴールを設定すると、広い視野が開けます。そのため、これまで考えもしなかったような、さまざまな情報と出会うことができます。また、脳の**前頭前野**《ぜんとうぜんや》が活性化され、高度で創造的な思考を行うことが可能になるのです。

ゴールを考えるときは、自分の現在の能力や実現性の有無《うむ》といった、抽象度の低いことにとらわれて考えてはいけません。そのとき考えうる限りの、もっとも抽象度の高い目標をゴールにするべきです。

ゴールの設定にあたっては、自分の中から湧き上がる「want to」を軸に、現状の外にある、抽象度の高いものを選ぶ。これが、あなたのビジネスを変える第一歩となるでしょう。

第2章

イメージの強さが自分を変える

企画部
明歩谷さん
プレゼンもうすぐだね
資料あと少しでできます！
できたら見せてね～
明歩谷ふみ…仕事《ビジネス》をバリバリこなす若きエリート
しかもかわいい…

でも私は私！
日野ちゃんさー
作ってもらった資料
オレの思ってた感じと違うんだけど
（株）クラックリー　企画部
中村《なかむら》　菊比古《きくひこ》（34）
はあ
こっちが目立つようにしてほしいんだよ
わかんないかなー
まったく…
感性がイマイチなんだよねー
私はあなたじゃないっつーの！
すみません
当麻さんのアプリもさー
本当にできんの？

しっかりした企画書もいただいたんで…
日野ちゃんって
これまで企画も通せたことないじゃん？
うっ
よくご存じで
そんな子がちゃんとやれるのか心配なんだよ先輩として
やっぱメインの担当オレが代わろうか？
そりゃ そう思われるよな…
でも…
ドリームキラーの言うことを聞いてはいけません！
？
ドリームキラー

ありがとうございます
でも何とか頑張ってみます！
困ったときは相談させてください
……
…そう
あんまり無理しないようにね
い…言ってしまった！
前の私なら言えなかったけど…
……
認知科学で

当麻先生…
サインしていただいた本ちゃんと読んでますよ！
そう…あれから私は
この本をいつも手放さない
悪い魔女め追いつめたぞ！
お前をやっつければ私たちの望みがかなう！思いどおりの自分に変われるんだ!!
フフフ
カカシ ブリキ ライオン…
あなたたちは変われないわ
何っ？

脳には環境の変化に対して自分を安定状態に保つ**ホメオスタシス**という機能がある
脳は無意識のレベルで変化を嫌い現状を維持しようとするの
たとえば あなたが「自分は臆病《おくびょう》だ」と思い込んでいたら臆病であることが心地よくなりそのままでいようとするのよ
このホメオスタシスがはたらいて身体的・心理的に楽でいられる領域を**コンフォートゾーン**という
コンフォートゾーン
ホメオスタシス
そんなバカな!
あなたたちが変わろうとしても
無意識は自分をコンフォートゾーンに連れ戻す
無意識の力
ホメオスタシス
また コンフォートゾーンの外は**心理的盲点**《スコトーマ》になっていて変わるための道筋はあなたたちには見えない
コンフォートゾーン
スコトーマ
だから口先で何を望もうと変わることなどできないのよ!!
そんなあ〜

恐れることはないわ!!
お…お前は!?
たしかにホメオスタシスは自分をコンフォートゾーンに置く
これを逆に利用するのよ
逆に利用!?
変わりたいならまずは「なりたい自分」をゴールに設定する
ゴール
コンフォートゾーン
そしてそのゴールをコンフォートゾーンにするの!
ゴール
コンフォートゾーン

$$I \times V = R$$

Image	Vividness	Reality
イメージ	臨場感	現 実

これは イメージに 臨場感《りんじょうかん》をもたせれば 現実が生まれる ことを示す式よ
り… 臨場感って?
鮮明《せんめい》さと強さ… 「その状態にある」と リアルに感じることね
こっちが 現実だ!
私たちの脳は 臨場感のともなう イメージを 現実だと認識 してしまうの
だから ゴールにいる自分を 強くイメージできれば
脳は そちらを 現実だと思い込む!
こっちが 現実だ!
ゴール
現状
これでゴールが コンフォートゾーンに なるってわけ
すると脳は ゴールを達成して いない自分を 不快に感じて
創造的無意識で ゴールへ 引っぱり上げてくれる

か…
考えたこともなかった
この本に書いてあるわ
認知科学で
あなたは変われる
でっでも
心理的盲点《スコトーマ》は？
ゴールを現状の外に設定すれば
スコトーマは外れる！
えっ!?
脳にはRAS《ラス》という情報収集装置があって情報を取捨選択《しゅしゃせんたく》して取り入れているわ
情報
情報
情報
情報
情報
情報
RAS
現状維持が目的の場合
それに役立つ情報以外はスコトーマに隠される
RAS
情報
情報
情報

でも
ゴールを設定すると
RASが
ゴール達成に役立つ
情報を求めるから
RAS
情報
情報
情報
情報
情報
情報
情報
これまでの
スコトーマが
外れるの!!
……
ゴールを設定して
強くイメージすれば
必要な思考や行動は
自然とできるように
なるのよ
すごいや！
それなら
私も
変わるわっ!!
わーい
原作と全然
違っちゃって
ごめんなさい!!
出演・スタッフ
才蔵女子演劇部！
ありがとう
ございましたー!!
パチパチパチパチ

ハッ
夢…
演劇部の夢は久しぶりだけど…
楽しかった
斬新な
作って
たくさんの人に
楽しんでもらう
そうだ
私は…
あのころの自信とやりがいを取り戻す!!

ゴール達成の
ためには
ゴール
逆算
このゴールを
達成する
ためには…
未来
今は
これくらいに
いなきゃ!
現在
ゴールから逆算した
「今あるべき自分」を
イメージすることも
大事!
私は
「斬新な大傑作
アプリ」を作る
人間なんだから…
目の前の仕事も
バッチリ
やりとげられる!!
……
まとまりは
いいよね
そう
ですか?
でもさ~
当麻先生の企画案を
型《かた》に流しこんだ
だけじゃない?
え…

日野さん
クラックリーのモットーって何だっけ
く…
「くだらないけれど面白いアプリ」です
だよね？もっと遊びがなくちゃダメじゃん それがウチの売りなんだし
当麻先生もそれを望んでるんでしょ？
はい…
楽しめるものにしたいんですよ
やり直し
お行儀《ぎょうぎ》よくしかできないようなら
何度でもボツにするからね
全否定された！
泣く!!
キィ…
トイレで泣く!!

ガチャ
うっうう
何だ この地獄みたいな声!?
日野さん
明歩谷さん!?
あ…
どうしたの？
ごめんなさい… プレゼン
ダメだったんです
いろいろ甘いって…
やっぱりウチは厳しいですね！
まだ最初だし仕方ないよ
いえ！
私 クラックリーの「くだらないけれど面白いアプリ」を愛してるんです
早く自分の企画で作りたいんです！

明歩谷さん…
お見苦しいところを
お見せして
すみませんでした
頑張ります！
…私も
愛してるよ
「くだらないけれど
面白いアプリ」！
それから
私は
ほれ
オレの昔の
企画書
ありがとう
ございます！
クラックリーが出して
ヒットしたアプリを
もう一度
徹底的に分析した
無理だったら
オレ 代わる
からね？
はいはい
わかりました
『お願い！
ミックスは
もうよして』
(画像をミキサーに
かけたように混ぜ
合わせるアプリ)
『移住院《いじゅういん》ヒカル』
(現実のどこかの
地方に移住した
仮想の自分を
育てられるアプリ)
移住院ヒ…

中村さん 苦手だけど 発想は 面白いんだよな～
そして… だんだん つかめてきたぞ
ドッ
ワレワレハ 宇宙人ダ
私だって 演劇部で シュールなコント作って 大爆笑を取ったことが あるんだから!
おバカな アイデアだって 出せるんだから!!
やれば できる じゃない
ほ…
ほんとですか!?
くだらない感じが 出てきたよ
ただ はじけすぎて 意味不明なとこも あるから 直しといて
は… はい
中村君

メンタルトレーニングのアプリ
時間も押してきたからサポートしてあげて
やっぱり日野ちゃんはオレがいないとダメかー
ムッ
これから開発部とスケジュール詰めます
当麻英太郎さんの企画も　何とかなりそうです
担当の子頑張ってるんだな
お前は以前から心配してたけど…
(株)クラックリー
代表取締役社長
蔵留《くらとめ》　護熙《もりひろ》（54）
もともと　この企画誰も名のりをあげなかったら日野を指名するつもりだったんです…勉強になるだろうと
でも　彼女は自分から立候補しました
あれ以来　日野は変わりはじめています

楽しみだよな 変わっていく 仲間を見るのは
ええ
オレがいるうちに 自分の企画を 出してきて ほしいな！
社長は…
本当に 55歳になったら 引退されるんですか？
オレのあとは 作田《つくだ》がしっかり やってくれるさ
今は ほかの事業で 飛びまわってる けど
社長になったら こっちに軸足を 置くと言ってるし
しかし 作田副社長は 路線の変更を主張 されていますよね
…昔から あいつとは 得意分野も考え方も 違ってた
そのぶん 補《おぎな》い合って きたんだがな…
——1か月後
トーマズ・ ブレイン・ラボ

日野さん お疲れ様でした
このたびは ありがとう ございました
こちらこそ…
何とか無事に 配信されました
次は
…はい！
おたくに お願いして よかったです
ミニゲームモード なんか じつに バカバカしくて 最高ですね！
喜んで いただけて 嬉しいです
たくさんの人に 楽しんでもらえると 思いますよ
あなた自身の ゴールですね
よーし いよいよ
自分の 企画を 立てるぞ!!

ゴールをコンフォートゾーンにする

❶ ゴールには自然とたどり着ける

第1章で、ビジネスを変えるためには、何よりもゴールを設定することが大切だと解説しました。そのゴールは現状の外に、できるだけ高いところに設定するべきだとも述べました。

ここで、高いゴールを設定したはよいものの、「このゴールに到達するためには、想像を絶するような努力をしなければならないんじゃないか」と考え、「私にできるんだろうか」と怖《お》じ気《け》づいてしまう人もいるでしょう。

しかし、不安に思う必要はありません。

無理な努力をしなくても、脳に眠っていた力をうまく引き出せば、自然とゴールにたどり着けます。

この章では、ゴール設定がどのような効果を生むか、そして、ゴール設定のあとに何をすればよいのかを、コグニティブ・サイエンスの理論にもとづいて解説します。

❷ ホメオスタシスのはたらき

プロローグの解説で、「変わりたい」と思っても変わることができず、**負のスパイラル**に陥ってしまうパターンを取り上げました。そのメカニズムを解説するところから、話を始めます。

生物には、生体《せいたい》の安定した状態を維持しようとする**ホメオスタシス**（恒常性維持機《こうじょうせいいじき》能《のう》）というはたらきが、生まれつき備《そな》わっています。たとえば私たちの体は、気温が上昇すると汗をかいて体温を下げる一方、寒くなると毛穴を閉じ、体を震《ふる》わせて体温の低下を防ごうとします。環境の変化があっても、体の状態を一定範囲内に調整することで、生命を守っているのです。
ホメオスタシスは身体的な面だけでなく、心理的な面でも機能します。そして、ホメオスタシスがはたらいて身体的・心理的に楽で自然でいられる状態を、**コンフォートゾーン**（快適な領域）といいます。

人がコンフォートゾーンにいると、現状を維持するために、その人の脳は最高のパフォーマンスを発揮します。

ここで注意が必要なのですが、ホメオスタシスは自律《じりつ》的な機能であり、価値判断とはかかわりません。どういうことかというと、現状が安定してさえいれば、「よい状態」か「悪い状態」かを判断することなく、ひたすらその状態を維持し、変化を排除するのです。

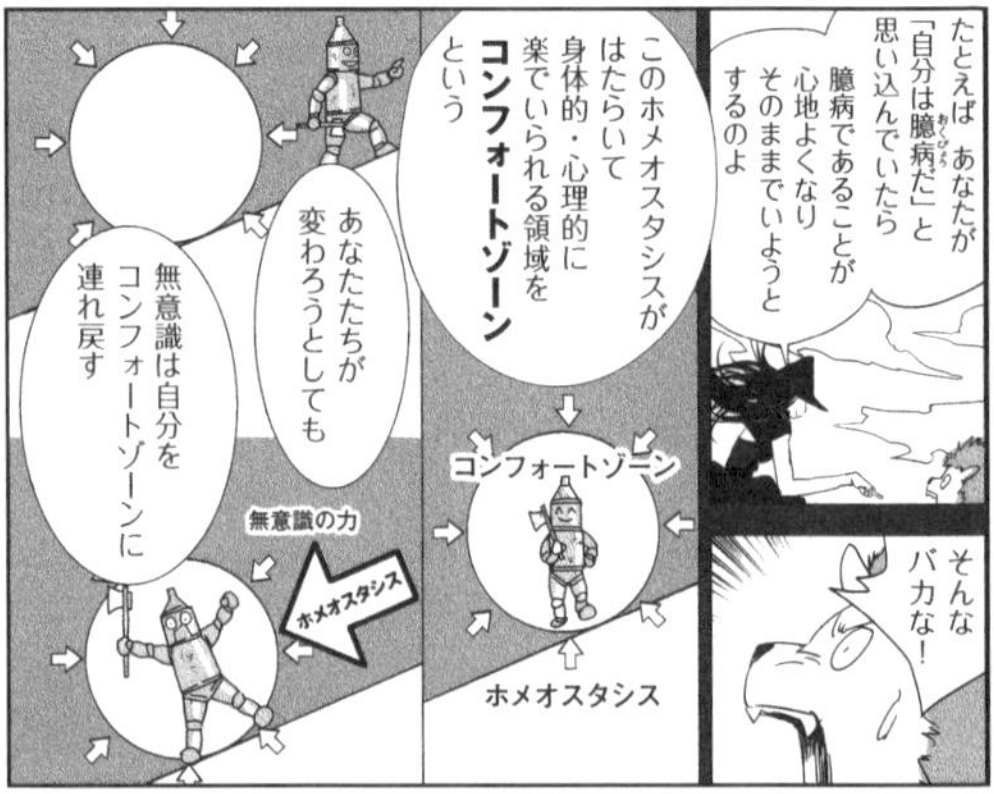

▲「ホメオスタシス」は、変わろうとする人間にとっては、手強《てごわ》い敵になる。

たとえば、ビジネスにおいて「できないヤツとしての自分」がコンフォートゾーンになっていると、無意識のホメオスタシスが強力にはたらいて、「できないヤツとしての自分」を維持してしまいます。それだけではありません。たまにものごとがうまくいきそうになっても、「こんなのは自分らしくない」と感じて、自分をコンフォートゾーンへと連れ戻すため、ミスを引き起こしさえするのです。

❸ コンフォートゾーンとスコトーマ

また、コンフォートゾーンの中にいる人は、コンフォートゾーンの外にあるものごとを、認識することができません。コンフォートゾーンの外側に発生してしまう心理的盲点《もうてん》を、**スコトーマ**といいます。

スコトーマは、**脳幹《のうかん》**にある**RAS《ラス》**（網様体賦活系《もうようたいふかつけい》 reticular activating system）のはたらきによって作られます。

RASとは、情報の収集や選別にかかわるフィルターです。人間が何らかの目標を

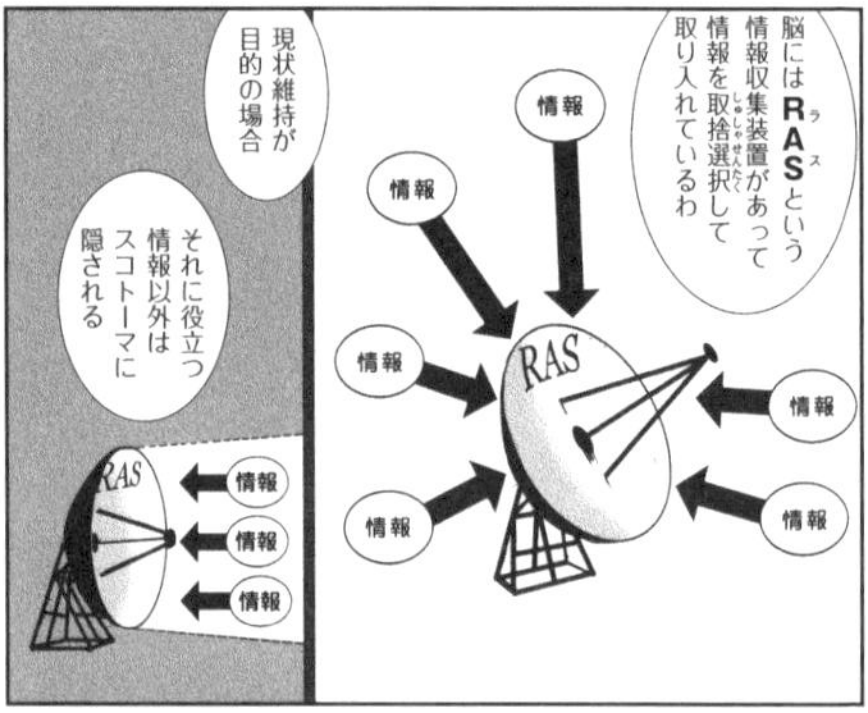

▲情報収集のアンテナでありフィルターであるRASのはたらきによって、「スコトーマ」が発生する。

もって行動しているとき、その目標を達成するために重要な情報を、ＲＡＳが集めてくれます。

だからこそ、現状維持が目標になっている場合、その目標の達成に役立たない情報は、ＲＡＳによって不要なものと見なされ、認識されずに排除されてしまうのです。こうして、変化するために必要な情報は、見えるはずなのに見えなくなります。この目隠しの機能がスコトーマです。

❹ 大逆転の「創造的無意識」

ここまでをいったんまとめると、「人間はホメオスタシスによってコンフォート

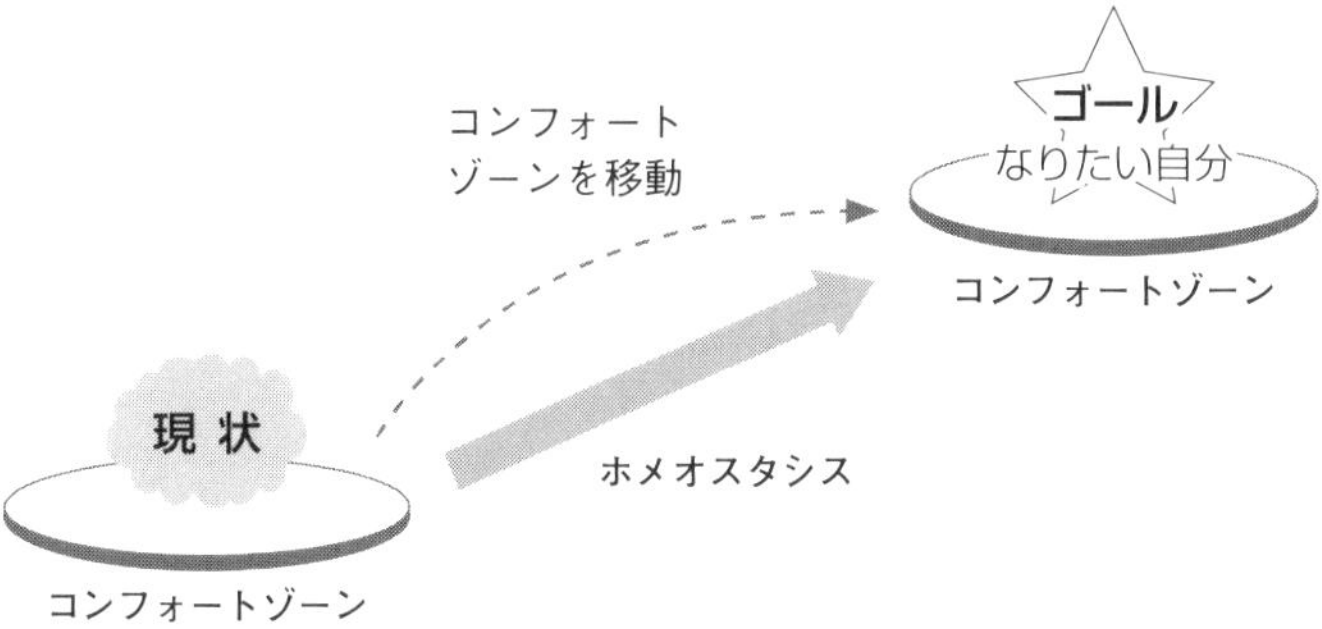

▲変わりたいなら、「コンフォートゾーン」をゴールの側に移動させればよい。

ゾーンに縛りつけられ、変化のための情報もスコトーマに隠されている」ということになります。**負のスパイラル**はそのせいで発生するのです。

では、望ましくない現状から抜け出すには、どうすればよいのでしょうか。

結論から述べましょう。

ゴールとして設定した「なりたい自分」を、コンフォートゾーンにするのです。

もし、「なりたい自分」をコンフォートゾーンとして脳に認識させることができれば、コンフォートゾーンと合致していない現状を、脳は不快に感じます。そして、一刻《いっこく》も早くコンフォートゾーンに入ろうとしてホメオスタシスがはたらき、あなたを「なりたい

▲「ホメオスタシス」を「創造的無意識」として利用する。

自分」へと引き上げてくれます。

つまり、手強《てごわ》い敵であるホメオスタシスの力を、変化のために利用するのです。

このはたらきを、**創造的無意識**といいます。

創造的無意識は、無意識にある「これこそが自分だ」という**セルフイメージ**と、実際の現実とを調和させるようにはたらきます。セルフイメージと現実とのギャップを感じると、現実をセルフイメージに近づけて、合致させてくれるのです。

第1章で述べた高いゴール設定は、この創造的無意識をはたらかせるために必要なことだったといえます。

創造的無意識がはたらけば、「なりたい自分」というゴールに近づくような行動を、あなたは自然と取るようになります。つまり、無理な努力をしなくても、どんどんゴールに近づいていけるのです。

❺ ゴールをリアルにする方程式

さて、ゴールをコンフォートゾーンにするためには、「なりたい自分」を確固《かっこ》としたセルフイメージにする必要があります。

言い換えると、ゴールを達成した状態にリアリティを与えるということです。現状よりも、ゴールを達成した状態のほうがリアルだと、脳に思い込ませられれば、コンフォートゾーンがゴールの側に移動します。

では、ゴールにリアリティを与えるには、どうすればよいのでしょうか。

ここで、ひとつの方程式を紹介します。世界最高のコーチング理論家・実践者であり、私の師でもあったルー・タイズが作った式です（下）。

$$I \times V = R$$

Image	Vividness	Reality
イメージ	臨場感	現実

▲強い「臨場感」をともなうイメージが、脳にとっての現実となる。

Rはリアリティ（現実）、Iはイメージ、そしてVは**臨**《りん》**場感**《じょうかん》を示しています。臨場感を表す英語vividnessは、あざやかさ、鮮明さ、なまなましさといった意味です。

　この式は、「イメージに臨場感を与えれば、リアリティが強まり現実が生まれる」ということを意味しています。

　近年注目されている、**VR（ヴァーチャル・リアリティ）**を例にとりましょう。これは、コンピュータによって作られた世界を体験する、仮想現実の技術です。視覚をはじめとする五感に直接訴《うった》えかける装置によって、世界中を旅したり、レースに参加したりと、本当にその場にいるような体験が可能です。

　VRの装置を着けた人は、作られた映像（イメージ）を見ることになります。また、顔を動かせばそれにともなって映像も動くので、その世界にたしかに自分がいるという臨場感を味わいます。イメージに臨場感が与えられて、ひとつの現実が生まれているのです。

最新のテクノロジーに限った話ではありません。文字だけで書かれた小説を私たちが楽しめるのも、イメージを思い浮かべ、そこに臨場感を与えているからです。

❻ イメージに臨場感を与える

ですから、自分のゴールにリアリティを与えるには、ゴールを達成した自分を詳細《しょうさい》にイメージし、それに対する臨場感を徹底的に高めればよいのです。

また、**ゴールから逆算した「現在あるべき自分」**のイメージに臨場感を抱くことも大切です。

あくまで例でしかありませんが、もし「3年後には世界20か国に支社をもつ企業のトップに立つ」というゴールを設定したならば、そこから逆算して、現在はすでに起

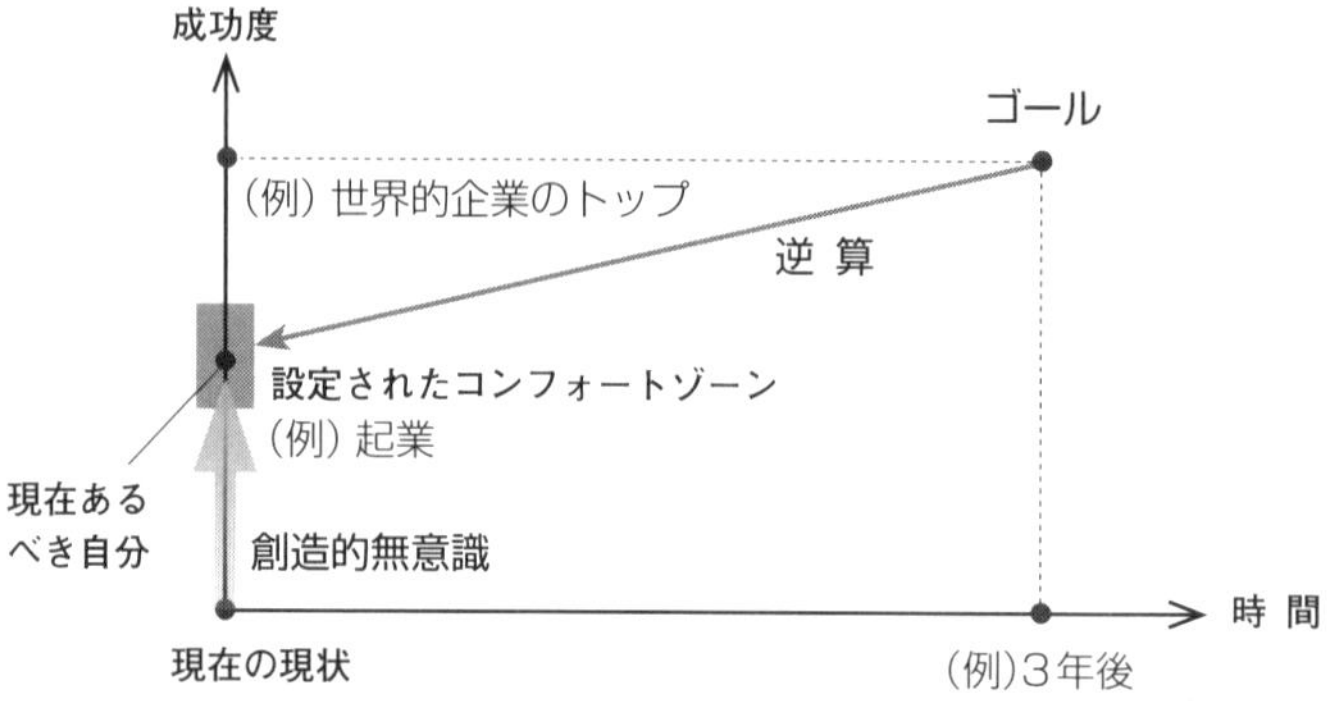

▲高いゴールから逆算し、「現在あるべき自分」を強くイメージする。

業している必要があります。そこで、「自分は現在、すでに起業している人間だ」とリアルにイメージするのです。すると創造的無意識は、セルフイメージと現実とのギャップを埋めるべく、すぐに起業できるような方向に動き出してくれます。

ここで、ひとつ注意点があります。ゴールを達成した自分や、現在あるべき自分をイメージするとき、そこに至るための方法まで考える必要はありません。方法を考えたとたん、「こうしなければならない」という「ｈａｖｅ ｔｏ」の意識が入り込み、せっかく臨場感が高まってきたイメージに水を差されてしまうからです。

「こうなるためにはどうしなければいけない

か」などと悩むことなく、ただ強くイメージしてください。

❼ スコトーマも外れる！

現状の外にゴールを設定し、そのゴールを達成した自分を強い臨場感とともにイメージすると、それまで多くの情報を覆《おお》い隠していたスコトーマも外れます。

ＲＡＳには、「自分にとって重要だと思う情報しか見ない」という性質があります。

ゴールを
現状の外に
設定すれば
スコトーマは
外れる！

▲ゴール設定は、「スコトーマ」の問題も解消してくれる。

だからこそ、重要なものが変化すれば、当然見えるものも変わってくるのです。

これは、普段の体験からもよくわかることです。たとえば、「今年の夏はシンガポールに行こう」と決めたとしましょう。そのとたんに、シンガポールの

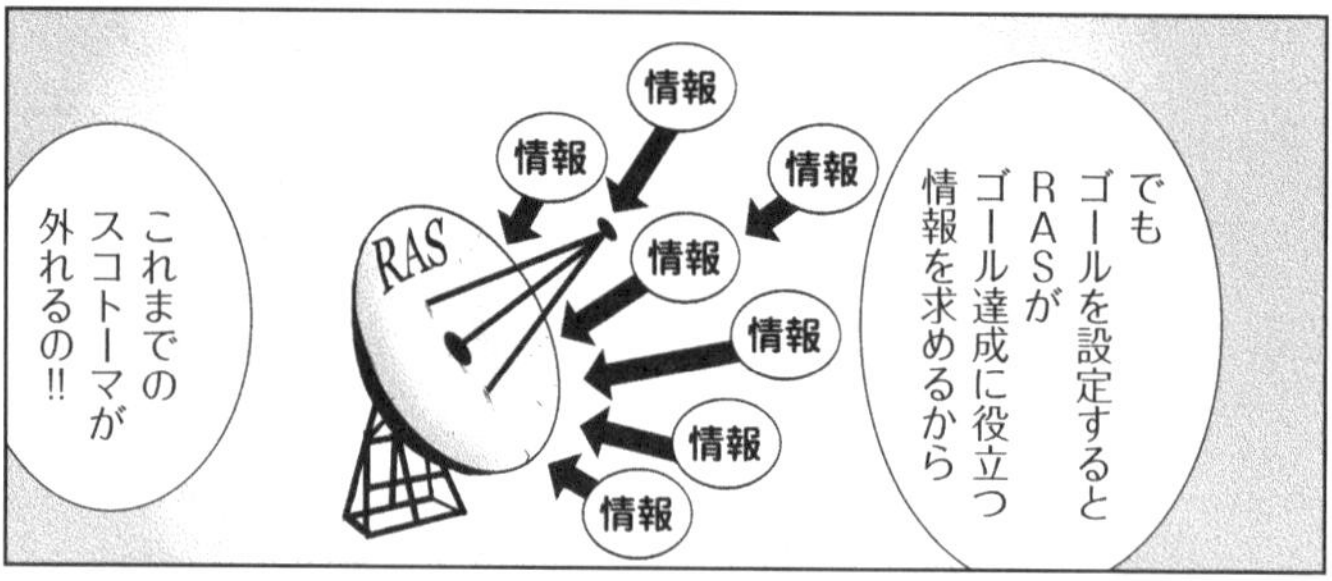

▲高いゴールがあってこそ、情報のアンテナであるRASは効果的に機能する。

情報が目に入るようになります。インターネットの記事やテレビのニュース、街中の看板や電車の中吊《つ》り広告など、いろいろな媒体《ばいたい》の中にあるシンガポールの情報に気がつくようになるのです。

ずっと前から視界に入っていたはずの情報なのに、自分の興味が変わったとたんに目に飛び込んでくる。これが、ゴールの設定によって起こる、脳の中の認知科学的な変化です。

現状から離れたゴール設定には、それまで重要だと思っていなかったものごとに、**スポットライトを当てる**ような効果があります。ゴールが明確になると、そこにたどり着くまでの道のりが、私たちの脳にとって重要な情報だと認識されるのです。その結果、**ゴール達成に役立つ情報**が、自然と集まってくるようになるでしょう。

第3章 ゴールに向けて自分を高める

降りる方を先に
お通しください
車内　中ほどまで
お詰めください
斬新な大傑作
アプリを作るには
自分の企画を
考えなきゃいけない
当たり前
だけど
企画のコツが
つかめないうちは
とにかく練り込む
時間を作らないと
万部
破!!
の潜在能力を
引き出せば
どんな夢も
かなえられる！
認知科学者
カーネギーメロン大学博士
当麻英太
20万部
突破!!
そのために
私は——
当麻先生の
本にあった
トレーニングを
始めている

【仕事《ビジネス》加速術①】
クロックサイクルを速める！
その日やることとそれぞれにかかる時間を書き出す
:00 始業
新規資料に目を通す→1時間
ゲームアプリ データ整理→1時間30分
各部署に連絡する→30分
12:00－昼休憩
ランチタイム おそば!!→30分
読書したり ボーッとしたり→30分
13:00－午後の業務
もらったデータを書類に→3時間
各部署に確認・修正→1時間
グラフィックについて打ち合わせ→1時間
17:00 定時退社
18:30 帰宅
料理→40分
食事→30分
テレビ→1時間30分
その中で 時間を短縮《たんしゅく》できそうな行動を選び——
2倍速（半分の時間）で処理すると決める!!
→30分
スピードアップする行動は何でもOK！
新聞 20分→10分
脳が倍速の時間感覚に順応《じゅんのう》すればほかの行動も早められる!!
テレビは録画の倍速で視聴
私はまだ2倍速だけど慣れれば6倍にも速まるらしい
そのぶん企画に時間を使えるようになる！

【仕事加速術《ビジネス》②】
超並列思考《ちょうへいれつしこう》！
人間の脳は本来
複数のことを
同時に処理できる
音楽を聴く
つかまる
何を投稿するか考える
スマホを操作
バランスを保つ
意識的に
同時に考えるのは
ふたつのことが
限界だが――
目標をセンターに入れてスイッチ
上上下下左右左右BA
カタカタ
無意識で
情報処理
できれば
100 IF K=28 X=X-1
112 IF K=29 X=X+1
120 B=B+C:C=C+1
130 E=E+F:F=F+1
まっすぐいく
ぶっとばす
右ストレート？
NO
左ストレート
YES
同時に
いくつもの
ことを
考えられる!!

まずは意識的に同時処理に慣れるトレーニングが必要だ
この仕事をしながら無意識で企画を練る…
まだ訓練が必要だな…
カタカタ
カタカタ
バッ
ランチタイム
そば
らっしゃい!
おそば大好き!!
こういうとき注文は―
パパパ
1秒で決める!!
00:00:35
00:00:69

00:01:00
パタン
冷やしたぬきそば!
あいよっ
冷《れい》たぬき一丁!
これも視覚情報を無意識で処理するトレーニング!
企画ネタ帳
無意識が活性化されて超並列《ちょうへいれつ》思考が鍛《きた》えられるの♪
さっき仕事してるときに出てきたアイデアをメモしとこう
・顔色が変わるアプリ
・不気味な伴奏の音楽アプリ
どこが面白い?
くだらなさが大事!!

まだ いいアイデア
出てないなー
あー
企画かぁ
な
中村さん⁉
どうして
ここに…
相席《あいせき》にご協力
ありがとう
ございますー
ガタ
がばっ
日野ちゃん
企画考えて
たんだね
たまたま そば
食べたくなって
えっ⁉

オレ ざるそば
あいよっ ざる一丁！
……
そのノート ちょっと見せてよ
ただの メモなんで
アドバイスして あげるよ
本当に 大丈夫です
じゃあ 今 見えた範囲の 感想言うけどさ
求めて ねーよ!!
何か こう ひと目でパーンと くるものが ないんだよね
日野ちゃんの コアが迫《せま》って こないっていうか

わかんねーよ!!
コア…ですか
センスだから身につかない人は仕方ないんだけどさー
冷やしたぬきとざるでーす
あーどうも
ズルズル
あんた相当な変人だよ
何? この人 私につきまとってんの?
もしかして私に気があんの?
日野ちゃんさー
今急ぎの仕事ってある?
特に急ぎは…
当麻さんのアプリ手伝ってたせいでこっちの仕事たまっちゃってさー

ドサ
この資料まとめてくれない？
わ…
わかりました
明日の昼までね
よろしく～
明日の昼!?
前の私なら会社に泊まり込みだな…
でも…今なら何とかなるかも！
じゃオレ帰りまーす
中村さん

終わったので 資料お返しします
まとめたデータは共有ファイルに入れましたんで
え？
お疲れ様です
もう できたの？
テキトーにやられても困るんだけど
なので 余裕をもって チェックしてもらえるように
早めに終わらせました
……
じゃ 私も失礼します
見たか!!

それにしても中村さん
センスだから身につかない人は仕方ないんだけどさー
いつも言うことがひどいんだよ
前の私なら凹《へこ》んでたかもしれないけど今なら大丈夫
だって私は――
Dr.トーマの認知科学メンタルトレーニング AFFIRMATION
自分で作った当麻先生のアプリでアファメーションをやっているから!!
見よ
この自給自足を!!
おさらい――アファメーションとは高い自己イメージを肯定すること
Q5　これまでで一番気持ちの
よかった体験を思い出してくだ
さい。
それは何にかかわるものでした
い？

このアプリでは
20ほどの質問に
答えることで――
自己イメージを
高める言葉が
生成されて
最適なタイミングで
表示される
私は今、演劇をやっていたころと同じ
ような自信とやりがいを感じながら、
斬新な大傑作アプリを作っている
電車の中で遊べる
ミニゲームとも
組み合わせ
られている!!
よーし
私の場合
演劇で拍手をもらった
最高の記憶と
「斬新な大傑作アプリ」
というゴールを合成して
自分の能力への評価《エフィカシー》
を高めている
ゴールを
めざしつづけるには
自信を失わないこと――
ゴール
私には
できる!
エフィカシー
今の私
以前の私
私なんか
クズだ…
エフィカシーを
高く保つことが
大事なのだ

今の私の
エフィカシーは…
中村
なんかには
崩《くず》せないぞ!
そういえば
ほかにも何か
言ってたな…
日野ちゃんの
コアが
迫ってこない
っていうか
テキトーなこと
言ってくれちゃって…
コアって
何だよ
大切に
してきたもの?
いつも私の
真ん中にあった
もの…
私…今
心理的盲点《スコトーマ》
外れちゃった
かもしんない…!!

──数日後
企画会議
次は
この
日野さんの
企画──
はい
『みんなの演劇部
～さあ仮面を
かぶりなさい～』
です!!
これ…
ちょっと説明
してもらえる？
はい！
これは
演劇部型
SNSです！
……
その
「演劇部型SNS」
って概念は
何⁉

まずは友だちとグループ登録します
まち
さおりん
ゆか
これがユーザーの「演劇部」です
かもめ
ハムレット
次に演目《えんもく》を選びます
有名な作品からひとつを選び1か月の「稽古《けいこ》期間」がスタートです！
ああ ロミオ
どうして あなたはロミオなの？
稽古期間中はログインするとセリフが発せられます
ぎゃはは ウケるんだけど (^O^)
どうして明日はテストなの？
お前ら ベンキョーしろー
そのメッセージを起点《ダシ》に自由に会話を楽しみます
1か月後には涙の発表会と別れ…
こうして1か月間名作のセリフを使ってルンルンの演劇部気分を味わいます！
そして また新たな稽古が始まるのです!!

シーン
……
くっだらねえ〜
だけど
このくだらなさがウチらしい
!!
友だち同士で盛り上がれそうです!
面白くなるかも
見てみたいな
しかし まだわかりにくい!
演劇に興味ない人でも 楽しめるようにしないと
もっと作り込まないと…社長は首を縦《たて》に振らないよ!!
……プレゼン…
やっていいんですか?

すぐに準備にかかってね
は…
はいっ
今日は以上
解散！
日野さん
明歩谷さん
今回のアイデア
すごく面白いです
ほ…
本当？

正直…
悔《くや》しいです
えっ？
でも私も
負けませんから！
明歩谷ふみ…
何ていいヤツ!!
しかもかわいい
それから私は
この企画を練りに練った
そして——
そしてついに——

プレゼンだ!!
…ハチャメチャなプレゼンだったな
よかったんですか？
OK出しちゃって
オレ
明後日《あさって》誕生日なんだよ

引退間際《まぎわ》に超くだらないものを通しておきたかったってとこですか
くだらなさではあの子は見込みあるぜ
日野は…
自信がついて変わりました
楽しみです
引退するのは惜《お》しくありませんか？
ハハハ！
それもそうだが…オレは自分の思ったとおりに生きる
仕事は55まででおしまいだ
新社長になる作田にはみんなと よく話し合うように言ってある
だけど あいつも思い込んだら聞かないところがあるからな…
……

パフォーマンスを劇的に高める

❶ エフィカシーこそ成功のカギ

この章では、高いゴールに向かって、最高のパフォーマンスでビジネスを進めていくための、認知科学的なテクニックを紹介していきます。

まず大原則として、セルフイメージとコンフォートゾーンを高い状態でキープし、ゴールを追い求めつづけるためには、**エフィカシー**を高くすることが必要です。

エフィカシーとは、**自分の能力に対する自己評価**のことです。「私はできる！」と自分の能力を高く評価している人はエフィカシーが高く、反対に「私には無理」と自分の能力を低く評価している人はエフィカシーが低い状態です。

エフィカシーは人間の能力に、絶大な影響を及ぼします。エフィカシーの差によって、その人のビジネスや生き方は、大きく変わってきます。

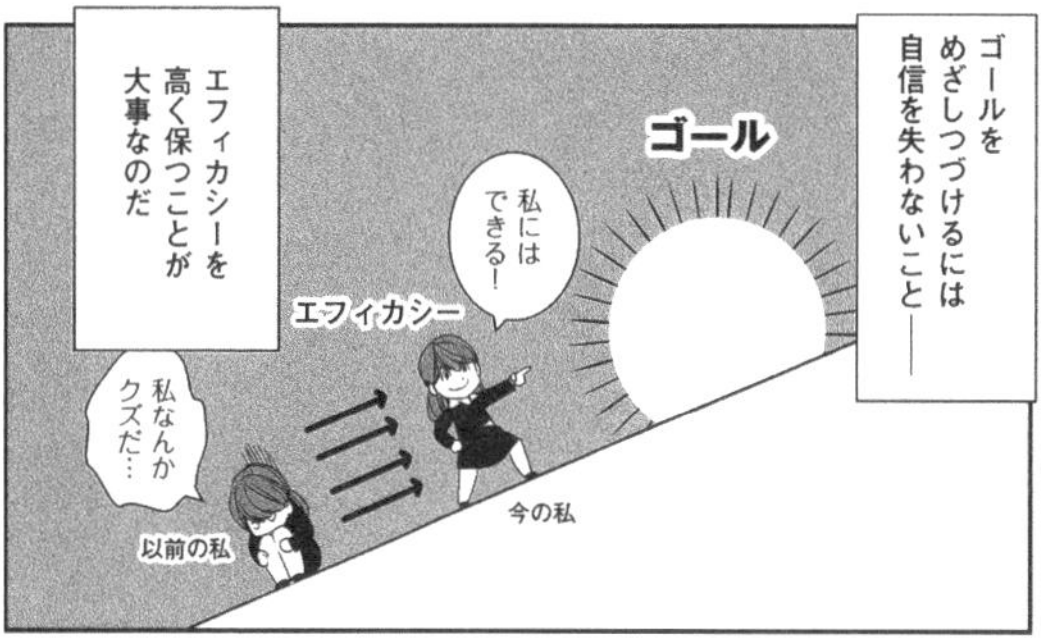

▲ゴールに向かって進みつづけるには、「エフィカシー」を高くすることが必要である。

エフィカシーが低いと、ゴールを達成しているセルフイメージをもちつづけることができなくなります。「本当は、自分は取るに足りない人間なんだ」という気持ちが湧いて、よいイメージの臨場感をかき消すのです。その結果、せっかくゴール地点まで引き上げたコンフォートゾーンも、現状のレベルまで下がってきてしまいます。そして、「やっぱり自分には無理だ」とゴールのレベルを引き下げたり、ゴールを放棄《ほうき》したりするのです。

ですから、あなたのビジネスを変えていくには、エフィカシーを高めることが必須《ひっす》なのです。

❷ アファメーションでエフィカシーを高める

エフィカシーを高く保つためのメンタルトレーニングがあります。

それは、**アファメーション**と呼ばれるものです。

アファメーションとは「肯定」という意味ですが、ここでの肯定とは、「それが真実である」と断言することです。望ましい自分のイメージを言葉によって描き出し、「私はこれが真実だと信じています」と、自己に対して宣言します。

まず、**ゴールのイメージに臨場感を与え、強いリアリティを作る**アファメーションをやってみましょう。ゴールを達成した自分のイメージを、言語で肯定するのです。

アファメーションの言葉の作り方には、いくつかポイントがあります。

ポイント1　一人称を用いる。

あなた自身についての望ましいイメージを、「私は～である」や「私は～する」といった言葉で表現してください。注意していただきたいのは、**他人と比較してはいけ**

ないという点です。他人と比較した時点で、他人のイメージに引っ張られてしまい、あなた自身のイメージではなくなります。

ポイント2　肯定文にする。

「〜ではない」「〜しない」ではなく、「〜である」「〜する」という形にします。というのも、**無意識は否定形を認識できない**からです。たとえば、「タバコを吸わない」と考えた時点で、タバコを吸っているイメージが発生し、逃れたいもののほうへ逆に近づいていってしまいます。何かから離れていくのではなく、目標に向かっていく、ポジティブな姿勢が大事です。

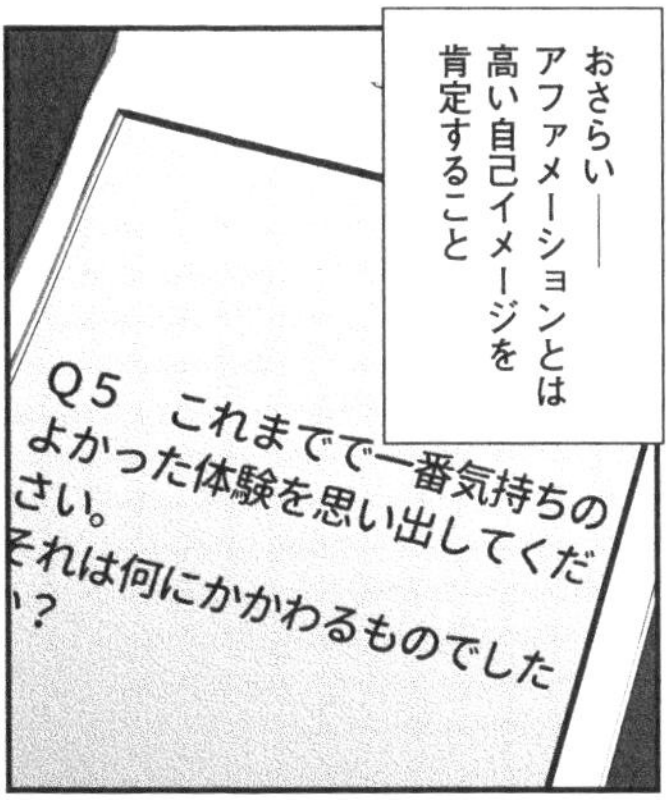
おさらい――
アファメーションとは
高い自己イメージを
肯定すること
Q5　これまでで一番気持ちの
よかった体験を思い出してくだ
さい。
それは何にかかわるものでした
い？

▲「アファメーション」はエフィカシーを高めてくれる。

ポイント3　現在形で表現する。

現実と一致していなくても、**すで**

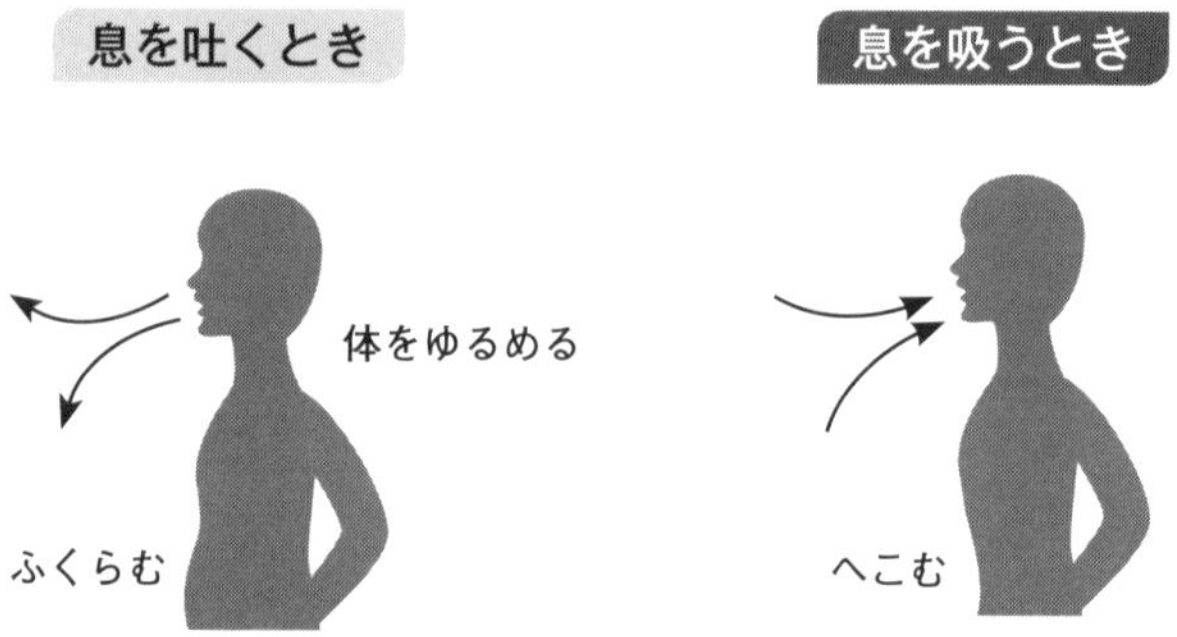

▲リラックス状態を作る「逆腹式呼吸」。意識しすぎると逆に緊張するので注意。

に実現しているかのように、「現状がこうである」と言い切ってください。

「将来、社長になりたい」などという形にすると、脳は「じゃあ、今はそうでなくてもいいんだな」と判断し、積極的な変化を起こしてくれません。

このような条件を踏まえて、アファメーションの言葉を、文章として紙に書き出してみてください。

書き上げたら、**リラックスした状態**を作り、声に出して読み上げます。自分の言葉を外の物理的世界に出し、もう一度耳で聞くことで、体感が強化されます。これを**外部化**といいます。外部化によって、望ましいイメージが喚起《かんき》され、脳に浸透《しんとう》していき、エフィカシーの向上につながります。

リラックスした状態を作るには、**逆腹式呼吸**が効果的です。難しいテクニックではありません。息を吐《は》くときに体をゆるめるだけです。体をゆるめると、お腹《なか》が自然にふくらみます。逆に、息を吸うときにはお腹が自然にへこみます。

この呼吸法を行えば、簡単にリラックスできます。リラックスした状態では**ＩＱが高まり**、アファメーションの効果も上がります。

❸ 成功体験のアファメーション

エフィカシーを高めるための、ほかのアファメーションも紹介します。**成功体験を思い出す**アファメーションです。

まず、「これまでの自分の経験の中で、非常に誇《ほこ》りに思っていること」を5つ、紙に書き出してみましょう。子どものころから今日までに経験したこと、すべての中から選んでください。世間の評価や、他人がそれを聞いてどう思うかなどは、一切関係ありません。自分にとって本当に大事な経験を選びます。

このアファメーションも、書き終えてからが本番です。

書き出した5つのことを、1日2回×4週間、欠かさずに読み上げましょう。読むタイミングはいつでもかまいませんが、無意識が言葉を受け入れやすい状態になっている、**起きた直後**と**寝る直前**がもっとも効果的です。

黙読《もくどく》ではなく、しっかりと口に出し、自分に言い聞かせるようにします。読み上げるときは、実際にその出来事があったときの記憶をよみがえらせ、そのときの達成感や快感も、十分に味わうようにしましょう。そして、読み上げた言葉と思い浮かぶイメージを、しっかり記憶に焼きつけてください。

これによって、そのときのすばらしい体験が脳内でくり返され、強い臨場感とともに、あらためて脳に記録されるのです。

5つの出来事を1日2回読み上げるわけですから、1日に10回も、人生における最高の成功体験を味わうことになります。

これが、脳にポジティブな影響を及ぼさないわけがありません。普通の生活10年分もの強烈な達成感と誇りが、みるみる蓄積《ちくせき》されていきます。これを4週間続けると、

私の場合
演劇で拍手をもらった
最高の記憶と
「斬新な大傑作アプリ」
というゴールを合成して
自分の能力への評価《エフィカシー》
を高めている

▲成功体験とゴールのイメージの合成も可能。

あなたのエフィカシーは間違いなく高まります。

また、この成功体験の記憶を、あなたの**ゴールのイメージと合成**することもできます。記憶の中の強い喜びをもとに、「ゴールを実現すると、こんなにすばらしい達成感を味わえるんだ」という**未来の記憶**を作るのです。すると、ゴールのイメージがよりリアルになり、モチベーションも上がります。

④ 苦境克服のアファメーション

効果的なアファメーションはまだあります。

今度は、あなたのこれまでの人生の中で、**うまくいかなかったこと**を5つ書いてく

あなたのアファメーションを書いてください

❖ゴールを達成した自分		
❖成功体験	1	
	2	
	3	
	4	
	5	
❖苦境の克服	1	
	2	
	3	
	4	
	5	

ださい。

仕事で失敗した体験かもしれません。お金にまつわるトラブルかもしれません。大事な人との別離かもしれません。何でもけっこうです。

書けたら、こう考えてください。

「私は、こんなにつらい出来事も克服《こくふく》してきた」

「私は、困難を乗り越えられる人間なんだ」

あなたがこの本を読んでいるということは、どんな形であれ、苦境《くきょう》を克服しているはずです。非常につらい体験から、いかに上手《じょうず》に回復してきたかを思い出しましょう。

このアファメーションを行うことで、あなたのエフィカシーはさらに強化されます。苦い体験も、**「私には、苦境を克服する能力がある」**というふうに、自己を肯定するために利用できるのです。

❺ 仕事に3つのラベルを貼る

ここからは、あなたの日々のビジネスのパフォーマンスを高めるための、より具体的なテクニックを紹介していきます。

ビジネスでは、日々いろいろな出来事が起こりますが、すべてが同じ**重要度**だというわけではありません。私たちは、さまざまなタスクの重要度を判断し、優先順位をつけて対処しています。

では、その重要度をはかる尺度は、どのようになっていますか?

「社長命令だから」とか「今日締《し》め切りだから」といった具合に、そのときの状況によって、尺度をコロコロと変えてはいないでしょうか。

仕事の重要度は、**「自分のゴールから考えたとき、どれくらい重要か」**という尺度に統一して判断しましょう。

そのための方法が**ラベリング**です。目の前のものごとに、心の中で「ラベル」を貼《は》って分類するテクニックです。

ここで使うラベルは、「T」「Nil《ニル》」「D」の3種類だけです。

「T」はtrue（真実）を表すラベルで、自分のゴールに関係のあることに貼ります。ポジティブなことだけでなく、ゴール達成の妨《さまた》げになる要因も、ここに含まれます。妨げについては対処法を講じましょう。

「Nil」はプログラミング言語で、「値なし」を意味します。自分のゴールと関係ないことには、このラベルを貼ります。

「D」はdelusion（雑念）を表します。ものごとを「自分のゴールと関係があるか否《いな》か」という尺度だけで判断するべきところに、「T」でも「Nil」でもない感情が湧いてきたら、このラベルを貼ります。

❻ ゴールにかかわるラベルだけを残そう

「D」は少しわかりにくいと思いますので、説明します。

あなたは現在は会社員だけれども、「起業して社長になる」というゴールを設定し

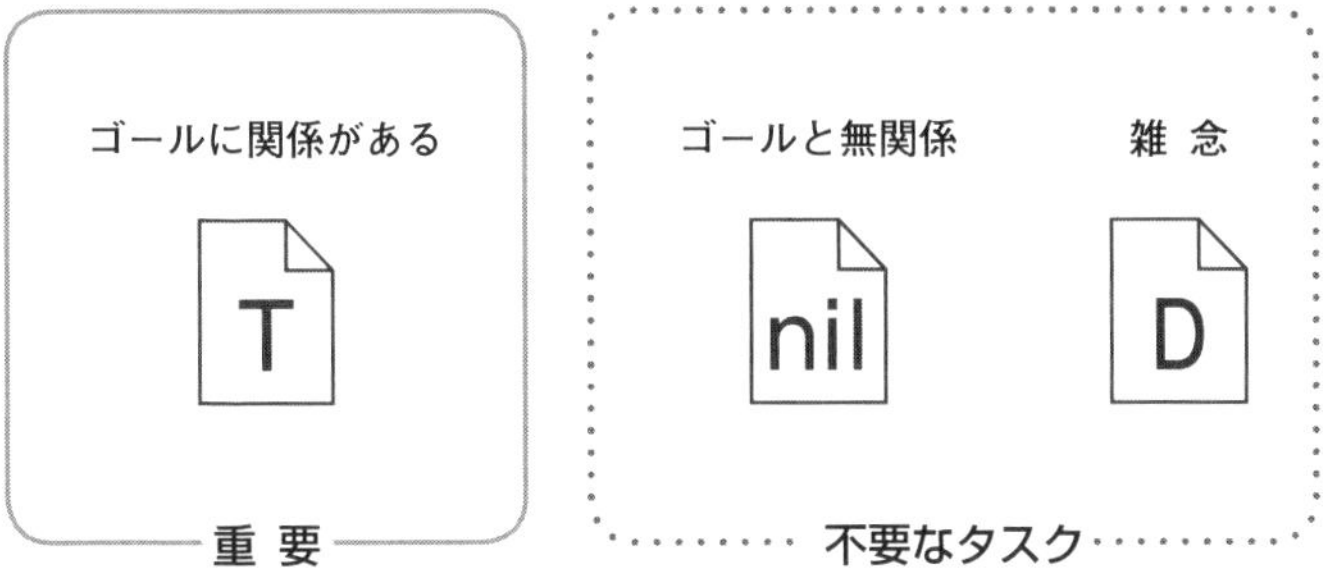

▲ビジネスのタスクに対する３種類の「ラベリング」。

ているとします。あなたのもとには、いろいろなタスクが舞い込みます。それぞれのタスクに対して、起業に役立つなら「Ｔ」、役立たないなら「Ｎｉｌ」のラベルを貼ります。この分類は、あくまで客観的に、クールに行います。

しかしあるとき、ひとつのタスクに対して、「これは、同僚の〇〇がやるべきことじゃないか。こんなものまで私のところにもってきやがって！」といった怒りが湧いてきたとします。この感情は、「自分のゴールと関係があるか否か」という尺度とは関係のないものであり、「Ｔ」でも「Ｎｉｌ」でもありません。

そのことに気づいたら、「自分は雑念にとらわれてしまった」と反省し、「Ｄ」のラベルを貼るのです。

これら3つのラベルを使って、持ち込まれるタスクや目の前で起こることを、3種類に分類していきましょう。ラベル貼りはできるだけ時間をかけずに、情報が入ってきた瞬間に行います。

ラベリングでは、まず「D」の出番を減らすようにしましょう。仕事中に「タバコが吸いたい」と思ったり、「SNSが気になる」と思ったりするのも「D」です。

次に「Nil」の頻度《ひんど》を下げましょう。「Nil」のラベルが貼られるタスクの内容は、基本的に「have to」だからです。

最終的に「T」だけになれば、あなたのビジネスにおける生産性はきわめて高い状態になっているはずです。

このテクニックは、タスクの分類・整理に役立つだけではありません。客観的な判断を瞬時に行いつづけることにより、**前頭前野**が鍛えられ、**思考の抽象度**が上がります。ラベリングは、**IQを高める**トレーニングでもあるのです。

最初のうちは、1時間限定でもかまいません。慣れてくれば、脳がつねに無意識のレベルでラベリングを行っているようになります。

❼ クロックサイクルを速める

ビジネスのパフォーマンスを上げるには、思考能力を高めることが有効です。思考能力の向上には、ふたつの方向性があります。

ひとつめは、**ひとつの情報をより速く処理する**という方向です。

これは、人間の脳をコンピュータにたとえると、**クロックサイクル**を上げることに相当します。クロックサイクルとは、CPUの処理能力です。これが上がると、情報処理にかかる時間が短縮されます。もともとは10分かかっていたところを、5分なり3分なりで処理できるのです。

人間の時間感覚は6の倍数と親和性が高いので、**6倍速**までは無理なく実現できま

▲クロックサイクルを速めた生活。

す。そのためには、ごく単純にいってしまうと、すべてのことを6分の1の時間で行えばよいのです。

「時間を6分の1にできるか」という観点から、自分の生活を見直してみましょう。1日のスケジュールをすべて書き出し（外部化の作業）、不要なことは省《はぶ》くと決め、時間を短縮できることは短縮するのです。ラベリングの応用のような作業です。

たとえば、テレビは観ないのが一番ですが、どうしても観たい番組があるなら、録画して8倍速や32倍速で観ます。食事の時間は半分にできるかもしれません。すべてを平均して6分の1になればOKで、あなたの10分は1時間の価値をもつようになります。1日は144時間、1週間は約1000時間です。

ムダな会話をダラダラ続けないため、**しゃべる単語の数も6分の1に減らす**よう心がけましょう。また、飲食店に入って食事を選ぶとき、**メニューを見て1秒で決める**トレーニングは、ものごとの判断にかける時間を短くするのに有効です。これは、メニューの情報が脳に入ってきたとき、わざわざ言語を介することなく、「たっぷりの肉汁がジュウジュウと音を立て、ソースの匂いが香ばしく、口の中にうまみが広がるハンバーグ」といったふうに、五感でとらえれば可能になります。

8 超並列思考を作る

思考能力の向上のふたつめの方向は、**複数の情報を同時並行で処理する**ことです。

これは**超並列思考**といいます。超並列思考を実現するには、無意識の力を使います。人間は普段、意識の中で**直列《シリアル》的**に思考していますが、無意識も利用できるようになれば、**並列《パラレル》的**な思考が可能になるのです。

そのためのトレーニングとしては、読書がよいでしょう。普通、本を読むときは1冊ずつ手にして読むことと思いますが、これを2冊一緒に開いて、同時に読み進めるのです。

慣れないうちは、写真集などでかまいません。開いた瞬間、全体をパッと見て、2冊のイ

▲「超並列思考」のイメージ。

メージが頭の中で同時に広がる状態をキープしつつ、次のページに進みます。視覚として入った情報を、意識で読むのではなく、無意識に読ませるのです。

写真集が読めるようになったら、文字の本にも挑戦してみましょう。最初はまったく読めないかもしれませんが、くり返しているうちに、内容が頭に入ってくるようになります。意識上で読まなくても、視覚がとらえた情報が脳に伝わり、無意識が認識するため、書いてある内容がイメージとして頭の中に入るのです。

▲もちろん当麻英太郎先生も、クロックサイクルを速め、超並列思考を駆使している。

クロックサイクルを速めることと超並列思考をともに実現すれば、あなたの情報処理速度は、普通の人の36倍にも、２１６倍にもなります（それ以上も可能です）。その能力は、どんな職場でも重宝《ちょうほう》されるはずですし、あなたのゴールを達成するための、強力な推進エンジンとなるでしょう。

第4章

仕事は最高の夢のために

cracklie
蔵留《くらとめ》は引退し輝く太陽を求めて地中海へと去りました
若かりし日にともに会社を起こした同志…
この作田がクラックリーの社長に就任《しゅうにん》します！
(株)クラックリー　新社長
作田《つくりだ》 和也《かずや》 (54)

これを機にクラックリーは生まれ変わります!

時代は実用!

世の中の役に立ってこそ企業の存在価値が生まれるのです
今後 クラックリーはくだらないお遊びのアプリは作りません!

実用性に特化したアプリに路線転換します!

クラックリーのクリエイティビティはこの新しい方向性でこそ生きてくると私は確信しています!

crackli
変わるクラックリーに
ご期待ください!!

な…

何これ…

観た？
新社長就任《しゅうにん》があんなイベントになるなんて
ウチってそんなに大企業だったっけ
作田さんはほかにも事業やってて注目されてるから…
おはよう
キィ
部長！
みんな
新社長の就任会見
観たよね

……
路線転換って本当なんですか
私も何度も話してるけど…
あの人ガンコだよ
そうですか…
とりあえず本格的に動いてる案件以外はいったん白紙ね
えっ
今日から凍結《とうけつ》
代わりに新社長が実用アプリの開発を山ほど受注《じゅちゅう》してきた
本当にあの人は有能だよ
あのっ！
『みんなの演劇部』は
どうなるんですか？

あれはね～
いちおうプレゼンは通ったものの…まだ実質的には動き出してないじゃない？
……
というと？
残念だけど…
そんな…！
ともかく
仕事を振り分けなおそう
居酒屋
その夜は企画部のみんなで夜の街にくり出した

初めての企画だったのに〜!!
ぐびび
そうですよねー!!
……
泣いても仕方ないだろ
あんた鬼か!
そうですよ!
仕事ではそういうこともある!
…しかし
新社長は独裁者《どくさいしゃ》ですね
私が説得できればよかったんだけど…
ごめん
まあ でも ものごとはいい面も見なきゃ
作田社長がもってくる案件を形にしていけば安泰《あんたい》ではある

それで給料もらえるんだし…
とにかく今は耐えよう
そんな考えでいいのか!!
そういう面もあるってことだよ!
酒癖わりいな
そのうち風向きが変わって「くだらないけれど面白いアプリ」をまた作れるようになるよ
そうですね!
それじゃあ乾杯《かんぱい》でもしますか
作田新社長に
ええ
作田社長に乾杯!
カンパーイ!!
それから――企画部のみんなは割り切って目の前の仕事に取り組んでいる

私も　いろいろ
トレーニングしたから
こなせてはいるけど…
何だか…
忙《いそが》しいのに
どんよりしてるように
感じるのは私だけ!?
ガチャ
やあ
どうも
ガタ
社長！
なかなか顔を
出せなくて
申し訳ない
今日はみんなに
お礼を
言いたくてね
お礼？

みんなには本当によくやってもらっている
どのクライアントもアプリの完成度に喜んでいるよ
さすがクラックリーの企画部はキレ者ぞろいだ
これまでくだらないアプリなんて作っていたのがもったいない
――!!

社長！
君は…
日野と
いいます
あの…
「くだらないけれど
面白いアプリ」は
もう作らないの
でしょうか！

日野ちゃん!!
♪♫♬♩♪
申し訳ない 電話だ
ああ
社長!
作田です
ああ どうも
もう 作らないいよ
……

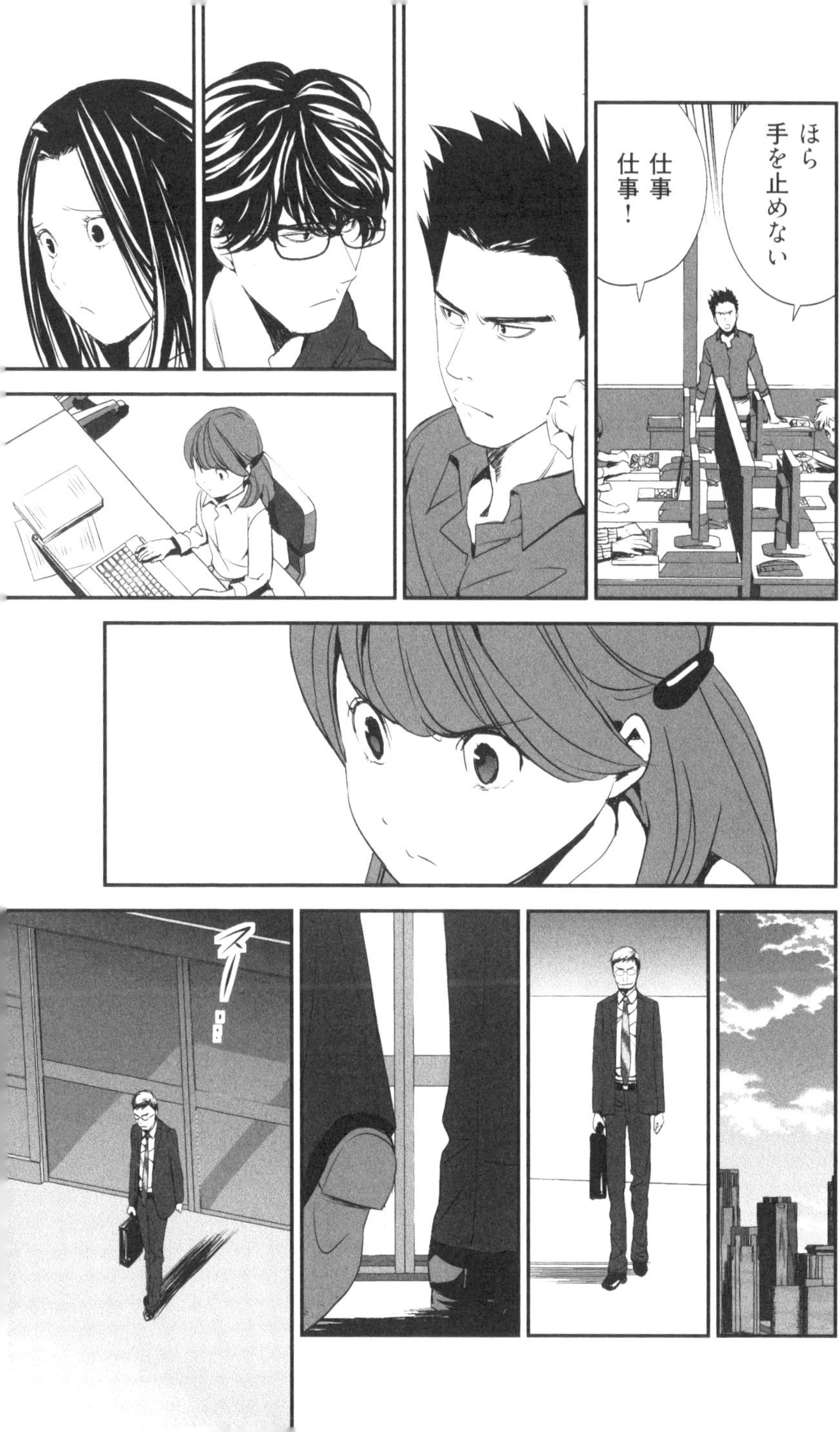
ほら
手を止めない
仕事
仕事！

社長!
日野さん…といったね
何だい?
何でも聞こう
お話があるんですが
私…

「くだらないけれど面白いアプリ」を愛してるんです
1本も作れないまま夢をあきらめたくないんです
お願いです
作らせてください！
……
…日野さん
愛や夢だけでやっていけるほど仕事《ビジネス》は甘いものじゃない
君もわかるだろう
…私はそれがあったから変われたんです
え？
「斬新な大傑作アプリを作ってたくさんの人に楽しんでもらう」!!
本当にやりたいことをゴールにしたからこそ少しずつでも自分を高めてこられました
愛と夢なしでやっていけるほど仕事《ビジネス》は甘くないと思います!!

……
なるほど
そういうことだったのか
!?
ズボ
なぜ君が変わったのかやっとわかったよ
ぶっ
部長っ?
待ち伏せして直訴《じきそ》…
ベタすぎるかとは思ってたけど
発想
思い切りかぶりましたね…

みんな！
私たちはくだらないものを作らせたら日本一…
君たちはみんな…
日野さんと同じことを言いに来たのか
いや世界一です
やらせないのはもったいないですよ
みんな
同じ気持ちだったんだ…
この感じ
演劇部以来かもしれない…！

君たちの言いたいことはわかった
しかし考えてみてほしい
この資本主義の社会で生き残るには
世の中が求めるものを提供しお金をもらわなければならない
やりたいことがあるのは大いにけっこう
でもそれはこっちの都合《エゴ》だ
コアなファンしか求めないものよりも誰もが求める実用的なものを作るほうが
世の中の役に立ちお金をもらえる値打ちもあるんじゃないか？
社長！
お金は**付加《ふか》価値**から生まれます
…？
これは受け売りでしかありませんが…
認知科学者の当麻英太郎先生はこう書いています
当麻英太郎

お金は価値との等価交換だと
私たちが何らかの価値を提供したとき対価としてお金をもらうことができます
そのとおりだね
では 私たちはどうやって価値を生むのでしょうか
仕事《ビジネス》によってです！
仕事には「have《ハフ》 to《トウ》」の仕事と「want《ウォント》 to《トウ》」の仕事があります
have to ―
「やらねばならない」の仕事は時間の切り売りです
モチベーションも創造性も高まらず生み出せる価値はたかが知れています

一方 want to ——
本当にやりたい仕事ではモチベーションと創造性が高まり
大きな付加価値が生まれます！
ほかの誰にも作れない付加価値を作れれば
それこそがお金を生むんです
…それが
「くだらないけれど面白いアプリ」だと言いたいんだね
私は…
仕事《ビジネス》は want toでいっぱいにするべきだと思っています!!

うーん…
うーん
しかし…
社長
最近 クラックリーのアプリやってます？
いや 忙しくて 個人的には…
まあ ちょっと やってみて ください
ハマりますよ

第4章
解説

理想のビジネスとはどういうものか

❶ ビジネスのゲシュタルトを把握しよう

ここまで、あなたの脳の使い方に大きな転換をもたらし、ビジネスのあり方を変えるコグニティブ・サイエンスの方法を紹介してきました。

この章では、さらに思考の抽象度を上げて、ビジネスを通してあなたは何を手に入れるか、そしてどのような存在になるかを、考えてみたいと思います。

これは、ビジネスというもののゲシュタルトを把握することにつながります。ゲシュタルトとは、ランダムなカオスに見えるものを、高い抽象度でとらえたときに認識される、整合的なパターンのことです。ひと口に「ビジネス」と言っても、具体的なレベルではその内容はバラバラに見え、法則性などなさそうですが、思考の抽象度を上げると、ゲシュタルトが見えてくるのです。

抽象度の高さは、情報空間における視点の高さと、視野の広さを意味しているのでした。ですから、ビジネスのゲシュタルトを高い抽象度で把握できれば、**ビジネスで成功を手に入れるための情報**を、あなたは自力で見つけられるようになります。

❷ お金は価値との等価交換

まずは、シンプルな事実を確認しましょう。

あなたはビジネスを通して、お金を手に入れています。

しかしそもそも、なぜビジネスでお金がもらえるのでしょうか？

それは、お金が**価値との等価交換**だからです。

▼ビジネスでお金がもらえるのは、価値を生み出すからである。

お金は価値との等価交換だと
私たちが何らかの価値を提供したとき
対価としてお金をもらうことができます

そば屋であれば、おいしいそばを提供します。ファッションデザイナーは、素敵な服を作り出します。警察官は、市民の安全を守ります。その**価値**との交換として、お金を手に入れているのです。

世の中には、「働いた時間のぶんだけ給料をもらう」という考え方が根強くありますが、時間を切り売りするそのようなマインドは、間違っていると思ってください。なぜなら、**時間は私たちの命そのもの**だからです。人生が80年なら、1日24時間×1年365日×80年の70万8000時間しか、私たちは命をもっていません。その限りある命を、お金のためだけに削りつづけてはいけません。

時間を切り売りしなくても、大きな価値を生み出せば、お金は手に入ります。

❸ お金は付加価値から生まれる

多くの労働は、原料・材料に手を加えることで価値を生み出す営《いとな》みです。

布地があっても、そのままではうまく着られません。うまく裁断《さいだん》し縫《ぬ》い合わせるこ

▲お金を手に入れるには、ビジネスによって大きな付加価値を作り出せばよい。

とで、服としての価値が生まれます。さらに、斬新なデザインを施《ほどこ》せば、いっそう大きな**付加価値**がついてきます。そして、「あのデザイナーの作る服はすばらしい」という評判が広まったとしたら、商品の**情報的付加価値**はふくれ上がります。

そう考えると、お金を手に入れるためのポイントは、付加価値を作り出すことだとわかります。

「ほかの人と同じことをやります」という姿勢では、なかなかお金は稼げません。「ほかの人より早くやります」とか「安くやります」といった、厳しい競争にさらされてしまいます。しかし、「私にしかできないことをやります」と宣言して**絶対的な付加価値**を作り出せば、競争などに乗る必要はありません。

もちろん、あなたの作り出す付加価値を世間に認めさせるには、**強い説得力**が必要です。では、その説得

▲大きな付加価値を生み出すのは、「want to」のビジネスである。

力はどこから生まれるのでしょうか？「want to」からです。あなたが本当にやりたいことを、夢中になってやりつづけてこそ、ほかの人には作れない絶対的な付加価値と、説得力が生まれるのです。

　一番好きなことを突き詰めていくと、「これに関しては、ほかの誰よりも上手にお金を使うことができる」と言い切れる自信がつきます。すると多くの人たちが「あの人にお金を払って、いい仕事をしてもらおう」と考えるようになり、結果、あなたのもとに、自然とお金が集まってきます。**お金は、上手に使える人のところに集まる**のです。

❹ お金は自由のパスポート

だからこそ、ビジネスからは「have to」を排除し、「want to」でいっぱいにしてください。

お金を稼《かせ》ぐこと自体をゴールにしてはいけません。お金儲《もう》けをゴールにすると、ビジネスは「お金のためにしなければいけないこと」、つまり「have to」になってしまいます。それに、「10億円稼ぐこと」をゴールにすると、10億円稼ぎ切った時点で、人生がむなしくなってしまいます。お金は目的ではなく、あくまで「want to」についてくるものだと考えましょう。

逆に、お金を稼ぐことに罪悪感を抱く必要もありません。ビジネスによって生み出した価値をお金と交換し、そのお金で人生を楽しむのは、すばらしいことです。

お金は、**自由を買うための道具**だと考えてください。お金をもっていれば、できることや行ける場所の選択肢が増えます。お金とはパスポートのようなものであって、それ以上でもそれ以下でもありません。

❺ リーダーシップの条件

さて、あなたが「want to」にもとづいた高いゴールを設定し、それをめざして成長を遂《と》げていくと、あなたは自然と、人の上に立つ存在になっていきます。というのも、ゴール達成のセルフイメージに対するあなたの強い臨場感が、周囲の人を感化するからです。あなたの周囲はあなたの臨場感によって染め上げられ、あなたはその**臨場感空間**を支配する**リーダー**になります。

会社などの組織に属している人はもちろん、個人でビジネスを行っている人も、自分のかかわるさまざまな相手に対して、リーダーシップを発揮すべき場面が必ず出てきます。そんなときのために、真のリーダーに必要な条件を解説しましょう。

リーダーの条件❶ 抽象度の高い思考能力

思考の抽象度が低い人は、情報空間における視野が狭いため、もっとも身近な自分のことしか考えられません。ここから抽象度を上げると、「同じ部署の人みんなを幸

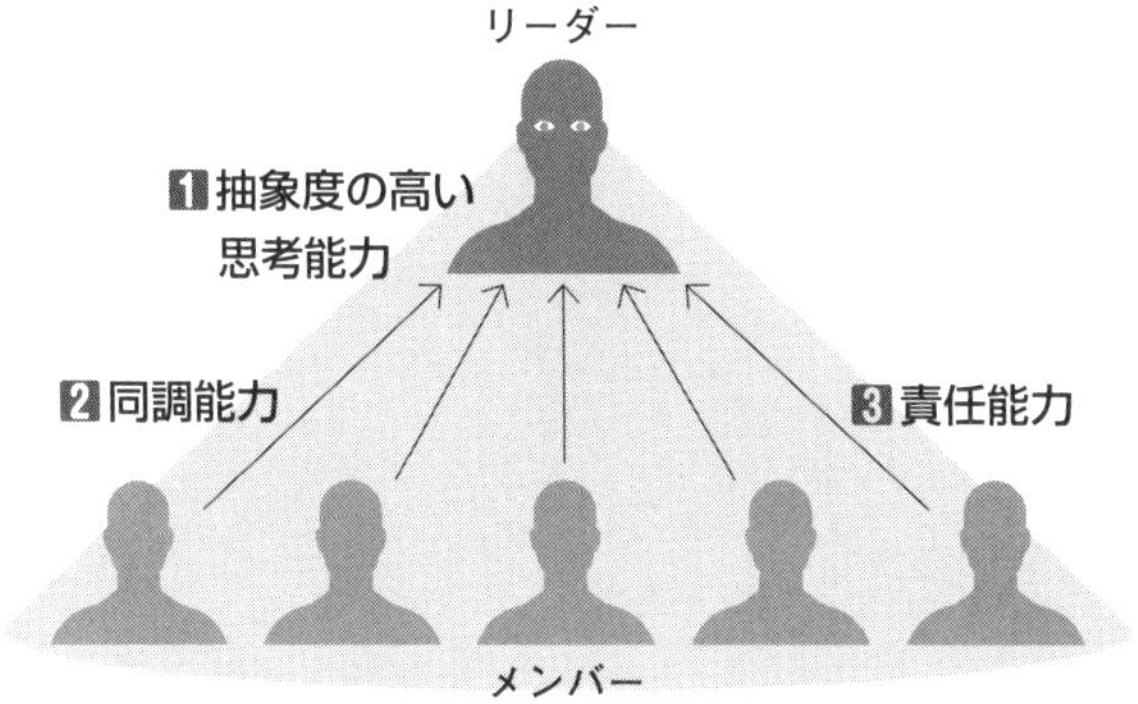

▲リーダーに必要な３つの条件。

せにしたい」と思えるようになります。さらに抽象度を高めれば、「全社員を幸せにしたい」「日本社会全体をよりよいものにしたい」「地球上から不幸をなくしたい」と考え、そのために行動できるようになります。

リーダーの条件2　同調能力

能力の低いリーダーは、いわゆる「アメとムチ」などで、メンバーを支配しようとします。しかしそれでは、つねに新しいご褒美《ほうび》や脅《おど》しを与えつづけなければいけません。

一方、真のリーダーはメンバー全員に「このゴールを私も達成したい」と同調してもらえます。ゴールをみんなの「ｗａｎｔ　ｔｏ」として共有できるのです。

リーダーの条件3 責任能力

決断すべきところであいまいな態度を取ったり、責任をメンバーに押しつけたりする人には、リーダーの資格はありません。メンバーに代わって決断し、責任を取る人になってこそ、周囲の人から信頼されます。

これらの能力を身につけるためには、普段から**リーダーとしての思考のフレーム**でものごとを見ておくことが大事です。具体的にいうと、もしあなたが現在ヒラ社員だったとしても、社長のフレームでビジネスを見るのです。

ヒラ社員のフレームしかもっていないと、現場でのひとつひとつのタスクしか見えませんが、組織のトップのフレームをもつように心がけると、あなたの置かれている状況や部署全体、会社全体のあり方を俯瞰《ふかん》できます。

組織の中での現状のポジションにとらわれず、社長のフレームでビジネスを見られるようになったとしても、安心してはいけません。**社長には社長のスコトーマがあるはず**だからです。そこで、今度は**新入社員のフレーム**をもってみましょう。既存の情報に染まっていない、まっさらな目でビジネスを見るのです。複数のフレームをもつことで、スコトーマを外し、ビジネスの全局面を見通せるようになります。

エピローグ

真のゴールをめざして

いいねえ！
じつにくだらない！
明歩谷さん
これプレゼン行こう!!
ハッハッハ!!
はい！
頑張ります！
やったねっ
今度こそプレゼン通しますよ！
あとは中村君のスケジュール管理アプリだね
資料まとめときます

じゃ
今回はこんなところで!
あれから――
……
こうやるんです
これ面白すぎるよ!
作田社長は「くだらないけれど面白いアプリ」にドハマリし…
前言撤回《ぜんげんてっかい》!
くだらなさはすばらしい!!
crack
実用路線と合わせてそちらの開発も継続となった
クラックリー企画部は結束《けっそく》も強まり
以前にも増して活気づいている

じゃあ
行ってきます
当麻先生によろしくね～
はーい！
あ…
本当の幸せが見つかる
認知科学
認知科学者
カーネギーメロン大学博士
当麻英太郎
人間の本当の幸せが
脳のメカニズムから解明される！
新しい本が出てる……
買わなくちゃ！

こんにちは～
クラックリーの日野でーす
すぐ企画書出しますんで
バババババ
ゆっくりで大丈夫ですよ
当麻先生も事情を知って喜んでくれて――
入ってくださーい
新刊出されたんですね
あーどうも
おめでとうございます
継続的にアプリの開発を依頼してくれることになった
今度のアプリは速読術です!!
こうすると1行先《さき》が目に入って…
私は担当としてできれば また役得《やくとく》にあずかるつもりだ（ズルいかな？）
なるほど

ところでやってみましたよ
『みんなの演劇部』
みんなの
あ…
ありがとうございます！
誰とやってるんですか？
これ
面白いですねぇ！
絶景かな
絶景かな
ゴエモン
キター――!!
絶景写真うp
日野さんが演劇もアプリも愛してるのがよくわかります
どうしました？
すみません
実際に使ってもらってるのを見ると…
本当に作っちゃいましたね斬新な大傑作アプリ
大傑作と言えるかは…
たくさんの人が楽しんでますよ
当麻先生のおかげです
本当にありがとうございました

その後 ご自分の 新しい企画は？
それが…
？
じつは『みんなの演劇部』が 無事 配信されたら ちょっと 気が 抜けちゃって…
え？
ずっと このゴールを めざして やってたんで…
本当に 達成されると 次はどうして いいのか…
それはよくない ですよ～
いやぁ お恥ずかしい…
最初に 設定した目標は 仮のゴールでしか ありません
真のゴールに向けて 走り出すために とりあえずのゴールを 作っただけなんです

真のゴール
スコトーマ
スコトーマ
スコトーマ
人生をかける価値のあるゴールは非常に高いところにあります
コンフォートゾーンよりずっと上なのでスコトーマに隠されて見えません
コンフォートゾーン
真のゴール
仮のゴール
だから まずは仮のゴールを設定することでコンフォートゾーンを高める
高まったコンフォートゾーン
あそこに行かなきゃ！
この仮のゴールを達成したらより高いところに次のゴールを設定する…
これをくり返すうちにだんだんと**真のゴール**が見えてきます
真のゴール…

それは　社会や世界の全体とかかわるようなものになるでしょう
真のゴール
あなたの人生の本当の目標を見つけるために
より高いゴールを設定してください！
そうして　あなたはどんどん変わっていくんです
わかりました！
…ちなみに当麻先生のゴールは何なんですか？
僕のゴールですか？
この世界からあらゆる戦争と差別をなくすことです
す…
すげ――!!

エピローグ 解説

より高度なゴールが見えてくる

❶ 「仮のゴール」でも走り出す

本書をここまで読んでくださったあなたは、コグニティブ・サイエンスにもとづいた理論によって、すでに脳の使い方が根本的に切り替わり、高いモチベーションとパフォーマンスでビジネスに取り組めるようになっていることでしょう。

最初に設定したゴールがどのようなものであれ、必ず達成できるはずです。

ここで、お伝えしなければならないことがあります。

じつは、あなたに最初に設定してもらったゴールは、**仮のゴール**でしかありません。

私は本書の第1章で、ゴールは現状の外に、できるだけ高いところに設定するようにいいましたが、あの時点でのあなたは、まだ思考の抽象度が高まる前の状態でした。ですから、一生の目標とするに足《た》る**真のゴール**は、見つけられるはずがなかったのです。

それでも、コンフォートゾーンを思い切ってズラすためには、仮のものであれ、高いゴールを設定してもらう必要がありました。

最初から「一生かけて追い求めるたったひとつの夢を決めましょう」などといっても、そんなことは不可能ですし、悩んでいる間にどんどん時間がすぎていくだけです。ひとまず走り出すためのゴールが見つかればよかったのです。

だからといって、「手近な小さ

最初に
設定した目標は
仮のゴールでしか
ありません
真のゴールに向けて
走り出すために
とりあえずのゴールを
作っただけなんです

▲最初のゴールは「仮のゴール」でしかなかった。

な夢からかなえていこう」という姿勢でいては、脳の使い方が変わらず、コンフォートゾーンが移動しません。どうすれば実現するのか見当もつかないような、高いゴールを設定することは必須だったのです。

❷「真のゴール」が見えてくる

まずゴールを設定して、そのゴールの側にコンフォートゾーンをズラしたとき、スコトーマが外れて、それまで見えていなかったものが見えてきます。

すると、自分の設定したゴールよりも高いところに、もっとすばらしい夢が見つかることがあるでしょう。思考の抽象度が上がり、**より高度なゴール**が認識されるわけです。

最初のゴールを達成するころには、きっと次のゴールが見つかっているはずです。

今度はそれをめざしましょう。

夢の上書《うわが》きをくり返し、ゴールの抽象度を上げていった先に、あなたの人生をかけ

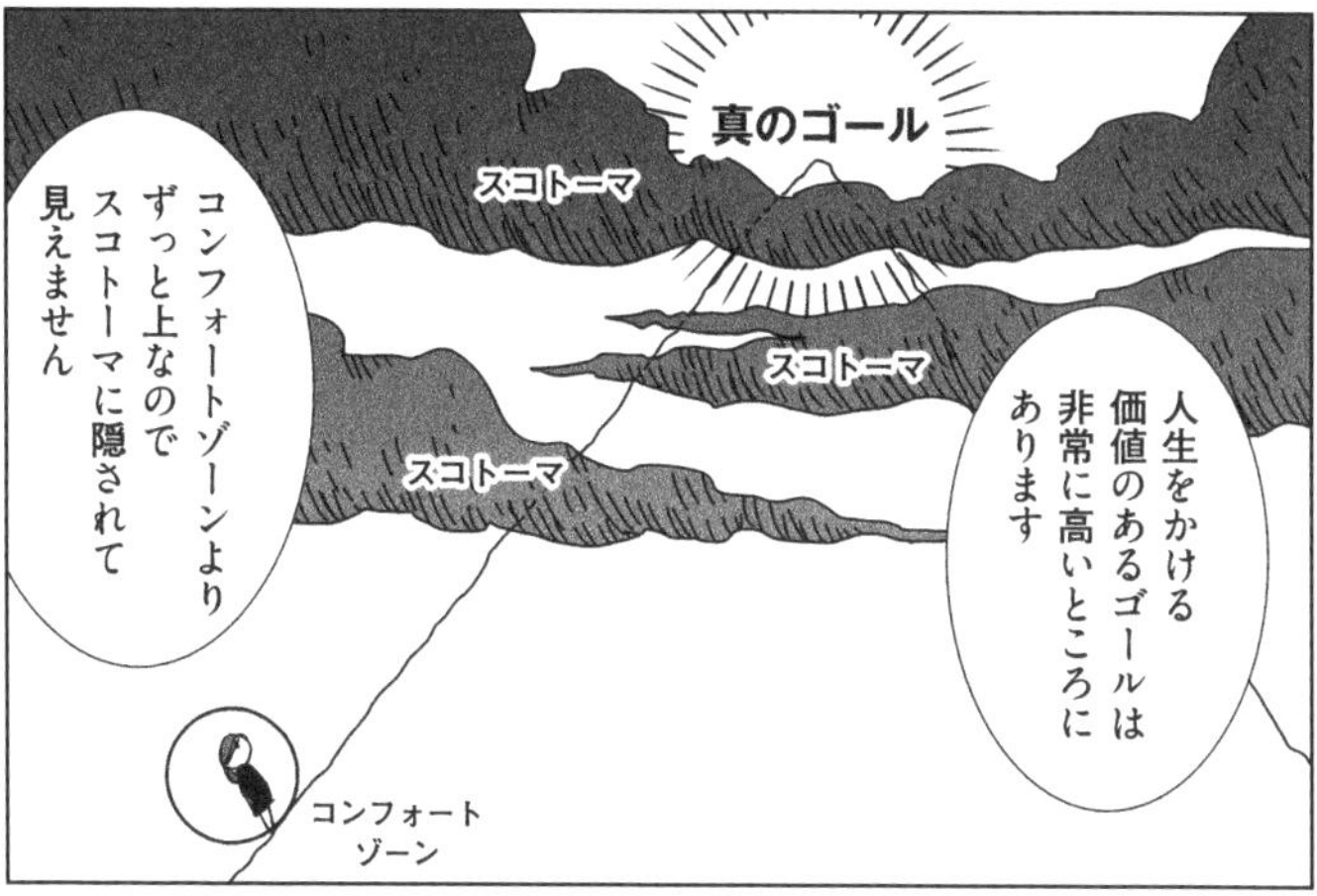

▲スコトーマに隠された「真のゴール」を探すため、コンフォートゾーンをズラす。

る価値のある、真のゴールが待っています。

真のゴールは、人それぞれ違うものですから、あなたの真のゴールがどういうものなのか、私からお伝えすることはできません。

ただ、それは**最高レベルの抽象度のゴール**であるはずだ、ということだけはいえます。

最高レベルの抽象度とは、情報空間における視点がもっとも高まり、視野が最大に広がった状態です。

つまり、社会や世界の全体と、何らかの形でかかわるようなゴールこそが、真のゴールだといえます。

❸ 本当の自由を手に入れよう

現在の日本の社会は、資本主義を採用しており、ほとんどすべてのビジネスが、資本主義のシステムの中に組み込まれています。

そのせいで、ビジネスは単なるお金儲けの手段だと思われ、「have to」の論理によってがんじがらめに縛られています。

そんな社会の中で、「want to」のビジネスを極めることは、**自由を手に入れること**を意味します。本当に自由な存在になるためにも、「want to」を追求し、真のゴールを見つけていただきたいと思います。

「私のビジネスによって経済を活性化させ、慈善《じぜん》事業にも多くの寄付をして、社会から貧困をなくそう」と考える人もいるでしょうし、「すぐれた製品を作り、世界中の人に利用してもらえるようにしよう」と考える人もいるでしょう。

あなた自身のビジネスと人生の中で、「これだ！」と思える夢を見つけてください。

あなたは必ず、その夢をかなえることができます。

◆ 著者プロフィール

【著者】苫米地 英人（とまべち ひでと）

1959年、東京生まれ。認知科学者（計算言語学・認知心理学・機能脳科学・分析哲学）、計算機科学者（計算機科学・離散数理・人工知能）。カーネギーメロン大学博士（Ph.D.）、同 CyLab 兼任フェロー、株式会社ドクター苫米地ワークス代表、コグニティブリサーチラボ株式会社 CEO、角川春樹事務所顧問、中国南開大学客座教授、全日本気功師会副会長、米国公益法人 The Better World Foundation 日本代表、米国教育機関 TPI インターナショナル日本代表、天台宗ハワイ別院国際部長、財団法人日本催眠術協会代表理事、聖マウリツィオ・ラザロ騎士団大十字騎士。

マサチューセッツ大学を経て上智大学外国語学部英語学科卒業後、三菱地所へ入社。2年間の勤務を経て、フルブライト留学生としてイエール大学大学院に留学、人工知能の父と呼ばれるロジャー・シャンクに学ぶ。同認知科学研究所、同人工知能研究所を経て、コンピュータ科学の分野で世界最高峰と呼ばれるカーネギーメロン大学大学院哲学科計算言語学研究科に転入。全米で4人目、日本人として初の計算言語学の博士号を取得。

帰国後、徳島大学助教授、ジャストシステム基礎研究所所長、同ピッツバーグ研究所取締役、通商産業省情報処理振興審議会専門委員などを歴任。

現在は米国認知科学の研究成果を盛り込んだ能力開発プログラム「PX2」「TPIE」を日本向けにアレンジ。日本における総責任者として普及に努めている。

著書に、『仮想通貨とフィンテック』『苫米地博士の「知の教室」』『ビジネスで圧勝できる脳科学』『まんが苫米地式01 「洗脳」営業術』（サイゾー）、『「感情」の解剖図鑑』（誠文堂新光社）、『残り97％の脳の使い方』（フォレスト出版）、『すべてを可能にする数学脳のつくり方』（ビジネス社）、『あなたの収入が必ず増える!! 即断即決「脳」のつくり方』（ゴマブックス）、『もうこれ以上、人間関係で悩まない極意』（TAC 出版）など多数。

苫米地英人 公式サイト ▶ http://www.hidetotomabechi.com/
ドクター苫米地ブログ ▶ http://www.tomabechi.jp/
Twitter ▶ http://twitter.com/drtomabechi (@DrTomabechi)

【作画】藤沢 涼生（ふじさわ りょう）

いろいろ描きたい作品があったため、ウェブ上で発表するに至る。

コグニティブ・サイエンスに基《もと》づき、当麻先生のごとく、脳の赴《おもむ》くままに、作業をスピードアップするため日々修行中。

まんが苫米地式 02
ビジネスが変わるコグニティブ・サイエンス
2019年2月15日　初版第1刷発行

著　　者　苫米地英人
作　　画　藤沢涼生
編集・デザイン　ユニバーサル・パブリシング株式会社
編集協力　小林渡（有限会社 AISA）
発行者　揖斐憲
発売所　株式会社 サイゾー
〒150-0043　東京都渋谷区道玄坂 1-19-2-3F
電話　03-5784-0790
印刷・製本　株式会社シナノパブリッシングプレス

ISBN 978-4-86625-111-0